# 风雨兼程三十载
# 砥砺奋进新时代

## ——中华全国专利代理人协会成立三十周年纪念文集

中华全国专利代理人协会　编

知识产权出版社
全国百佳图书出版单位

**图书在版编目（CIP）数据**

风雨兼程三十载　砥砺奋进新时代：中华全国专利代理人协会成立三十周年纪念文集/中华全国专利代理人协会编．—北京：知识产权出版社，2018.12

ISBN 978-7-5130-5532-1

Ⅰ.①风… Ⅱ.①中… Ⅲ.①专利—代理（法律）—协会—中国—纪念文集 Ⅳ.①D923.42-26

中国版本图书馆 CIP 数据核字（2018）第 259998 号

**内容提要**

本书通过纪念文集的形式，从不同角度反映了在与改革开放携手共进的过程中，我国专利代理行业的发展历程，展现专利代理人在知识产权创造、运用、保护、管理各个环节的重要作用，并对我国专利代理行业在建设知识产权强国的新时代和新征程中如何发挥更加积极的作用进行了展望。

**责任编辑**：王祝兰　　**责任校对**：潘凤越
**执行编辑**：崔思琪　　**责任印制**：刘译文

**风雨兼程三十载　砥砺奋进新时代**
——中华全国专利代理人协会成立三十周年纪念文集
中华全国专利代理人协会　编

| | | | |
|---|---|---|---|
| 出版发行： | 知识产权出版社有限责任公司 | 网　　址： | http://www.ipph.cn |
| 社　　址： | 北京市海淀区气象路50号院 | 邮　　编： | 100081 |
| 责编电话： | 010-82000860 转 8555 | 责编邮箱： | wzl@cnipr.com |
| 发行电话： | 010-82000860 转 8101/8102 | 发行传真： | 010-82000893/82005070/82000270 |
| 印　　刷： | 北京嘉恒彩色印刷有限责任公司 | 经　　销： | 各大网上书店、新华书店及相关专业书店 |
| 开　　本： | 720mm×960mm　1/16 | 印　　张： | 11.25 |
| 版　　次： | 2018 年 12 月第 1 版 | 印　　次： | 2018 年 12 月第 1 次印刷 |
| 字　　数： | 100 千字 | 定　　价： | 58.00 元 |

ISBN 978-7-5130-5532-1

# 编者说明

伴随着改革开放的伟大进程，我国专利事业从无到有，从小到大，迅速发展，取得了令人瞩目的成就，为促进我国经济社会发展作出了重要贡献。1988 年，中华全国专利代理人协会正式成立。三十年来，在国家知识产权局的正确领导下，协会充分发挥领导、引领、指导和服务职能，致力于规范专利代理服务行为、提升专利代理服务质量，促进了专利代理行业的健康发展，为专利事业发展提供了有力支撑。

为纪念协会成立三十周年，协会秘书处组织编写了《风雨兼程三十载　砥砺奋进新时代——中华全国专利代理人协会成立三十周年纪念文集》，汇集了国家及地方知识产权局领导、法院法官、企业高管、协会领导、专家学者等撰写的 11 篇纪念文章。他们以亲历者的视角，从行业顶层设计、法律法规制定、监管引导、自律管理、代理服务等多方面，回顾了专利代理行业及协会的风雨历程，展现了专利代理人在知识产权创造、运用、保护、管理各个环节的重要作用，分析了当前专利代理行业发展面临的新形势、新任务，展望了新时代我国专利代理行业的美好前景。

回顾历史是为了启迪未来。当前我国正处于深入实施国家知识产权战略、加快推进知识产权领域改革的关键时期，专利代理行业正迎来前所未有的发展机遇，同时也面临着新的挑战。党的十九大报告提出了倡导创新文化，强化知识产权创造、保护、运用的重要任务。我们要认真贯彻党的十九大精神，以习近平新时代中国特色社会主义思想为指导，全面落实国家知识产权局决策部署，以成立三十周年为契机，抓住机遇、迎接挑战，砥砺奋进、继往开来，积极推动专利代理工作再上新台阶，为知识产权强国建设作出新的更大的贡献！

中华全国专利代理人协会

2018 年 11 月

# 目　录

# 牢记使命担当　弘扬工匠精神
# 谱写专利代理行业新篇章

## ——祝贺中华全国专利代理人协会成立三十周年

贺　化

## 个人简历

贺化，中共党员，汉族，1960 年 7 月生，河南郑州人。1983 年毕业于天津大学化工系化工机械专业。1983 年 8 月至 1998 年 4 月，任国家知识产权局专利局机械发明审查部审查员、副处长、处长。1998 年 5 月至 2001 年 1 月，任国家知识产权局专利局审查业务管理部副部长。2001 年 2 月至 2002 年 11 月，任国家知识产权局专利审查协作中心副主任、主任。2002 年 12 月至 2004 年 7 月，任国家知识产权局专利局秘书长。2004 年 8 月，任国家知识产权局副局长、党组成员。2018 年 3 月，任国家知识产权局副局长、党组成员。党的十八大、十九大代表。

党的十九大报告着眼于深化供给侧结构性改革、实现高质量发展，明确提出要建设知识型、技能型、创新型劳动者大军，弘扬劳模精神和工匠精神，营造劳动光荣的社会风尚和精益求精的敬业风气。专利代理行业是技术和法律相结合的高端专业化的知识型服务行业。专利代理质量好坏直接影响专利权的保护范围和权利的稳定性，是将创新成果转化为专利权的关键一环。弘扬工匠精神、强化质量意识，既是专利代理行业落实中央精神的必然要求，也是保持行业可持续发展的迫切需要。中华全国专利代理人协会自三十年前成立以来，始终以推动专利代理行业加强责任担当、提高质量意识、规范有序发展为使命，为推进专利代理行业健康发展发挥了重要作用。当前，我国经济由高速增长阶段转向高质量发展阶段，更加迫切需要中华全国专利代理人协会继续发挥引领和推动作用，凝聚行业精神，聚焦行业文化，共塑执业道德，强化质量意识，不忘初心，牢记使命，大力传承和弘扬工匠精神，推动专利代理行业输出更高质量的服务供给。

## 一、牢记使命担当，推动专利代理行业实现跨越发展

不忘初心，方得始终。1985 年 4 月 1 日，《专利法》开始实施，专利代理服务初步萌芽；1988 年 12 月 12 日，中华全国专利代理人协会成立，专利代理行业初步形成。三十年来，专利代理行业在行业主管部门的指导和推进下，在中华全国专利代理人协会的积极引领下，取得了卓越的成绩，为专利制度的完善、专利事业的发展奠定了良好的基础，提供了重要的支撑。

三十年来，行业发展规模显著壮大，有力支撑专利事业又好又快发展。专利代理行业经过三十年的发展，从无到有、从小到大，发展迅猛，形成了一批具备一定规模、服务能力高、服务意识强、信誉良好和效益显著的专利代理机构，汇聚了一批掌握法律、熟悉技术、精通外语的复合型人才。截至 2018 年 10 月，全国专利代理机构达到 2126 家，设立分支机构 1400 家，42569 人取得专利代理人资格，执业专利代理人达到 18631 人，实现了全国 31 个省（区、市）服务资源全覆盖。在我国专利申请量持续高速增长的形势下，专利申请代理量

同步迅速增长，全国平均代理率稳定在65%左右。专利代理行业营业收入快速增长，2017年达到260亿元。开展PCT申请业务的机构数量超过1000家，能够提供涉外服务、专利预警、分析、许可、质押融资、专利诉讼、调解等服务的代理机构数量快速增加。

三十年来，行业监管能力显著增强，有力促进专利代理行业规范有序发展。不以规矩，不能成方圆。专利代理行业健康发展既需要发挥市场的主导作用，也需要行业主管部门综合运用统筹规划、执法监管、公共服务等手段，为专利代理行业发展营造良好的环境。经过三十年的发展，专利代理行业法律法规制度逐步建立健全，行业发展顶层设计进一步完善。《专利代理条例》及配套规章和《专利代理行业发展中长期规划（2016－2025年）》为行业发展提供了法制保障，指引了发展方向。“放管服”改革初见成效，考试制度改革持续推进，代理机构准入条件逐步放宽，市场活力进一步激发，吸引了更多优秀人才进入专利代理行业。事中事后监管机制基本建立，专利代理行业监管力度不断加大，专项整治工作成效初显，有力震慑了违法经营行为。行政审批手续进一步简化，行政许可标准化积极推进，实现了全流程电子化和网上审批，优化了“便民利民”服务。

三十年来，行业自律水平显著提升，有力提升专利代理行业社会影响力。中华全国专利代理人协会成立伊始，就把加强行业自律作为重要工作予以重点推进，积极倡导建立以“诚信经营、优质服务”为核心的行业文化理念，加强专利代理行业行风建设，引导全行业朝着公平竞争、诚信经营、遵纪守法方向发展。制定《专利代理职业道德与执业纪律规范》，创新行业自律方式方法，维护行业有序竞争的执业环境。举行专利代理人执业宣誓仪式，发布专利代理行业诚信建设倡议书，督促执业专利代理人“不忘初心、践行誓言”。加快行业诚信体系建设，建立“中华全国专利代理诚信信息平台”，加强对违规行为的曝光。鼓励支持专利代理援助及公益服务，推进专利代理专业人员正式纳入国家职业分类大典，提升全行业的社会责任感和认可度。专利代理行业社会影响力进一步提升，2017年，创新主体对专利代理服务的满意度达到90%以上。

## 二、准确把握形势，深刻领会专利代理行业发展新要求

党的十九大报告着眼新时代宏伟发展目标，对知识产权工作作出明确部署，要求倡导创新文化，强化知识产权创造、保护、运用，为知识产权工作提供了根本遵

循。习近平总书记指出，加强知识产权保护，是完善产权保护制度最重要的内容，也是提高中国经济竞争力最大的激励。李克强总理强调要加强知识产权保护和运用，完善知识产权创造、保护和运用体系。党的十九届三中全会作出了重新组建国家知识产权局的重要决定，实现了专利、商标、原产地地理标志等知识产权的综合管理。这些重大决策和重要指示，深刻揭示了知识产权发展的客观规律、丰富内涵和重要作用，进一步明确了知识产权的功能定位和发展思路，为推进专利代理行业发展指明了方向，也对专利代理行业提出了新的更高要求。

深入落实中央关于高质量发展新要求。党的十九大报告指出，我国经济已由高速增长阶段转向高质量发展阶段，必须坚持质量第一、效益优先，推动经济发展质量变革、效率变革、动力变革，不断增强我国经济创新力和竞争力。推动高质量发展是当前和今后一个时期谋划发展思路、确定发展目标的根本要求。新时代知识产权事业要实现从知识产权大国到知识产权强国的历史性跨越的新目标，必然要求专利代理行业走创新发展之路，走高质量发展之路。要充分发挥专利代理服务贯穿知识产权创造、保护、运用全链条的优势，树立“质量至上、质量优先”的责任意识，秉承诚信服务的发展理念，努力提升代理质量，为高价值专利培育和高效益专利运用打牢基础，筑好根基，积极推动专利代理行业发展与专利质量提升相匹配、与专利事业发展相匹配、与我国创新水平相匹配，实现优质高效发展，保障知识产权强国战略目标如期实现。

准确把握专利代理行业发展新机遇。当前，在我国实施创新驱动发展战略、加快知识产权强国建设的背景下，知识产权事业迎来重大战略机遇，将迈入加快发展的新时期。从创新驱动发展需求看，随着全社会研发经费投入强度加大，科技进步对经济增长贡献率的提升，创新主体对于知识产权服务的数量、质量和种类的需求将全面增长。从知识产权发展阶段看，我国已经累积了大量知识产权，特别是有效发明专利拥有量持续快速增加，未来知识产权的商业化和产业化需求必将迅猛增长。从国际贸易发展趋势看，产业国际化要求更为全面的知识产权服务，企业“走出去”、进行海外布局、融入全球经济需要全方位、高品质知识产权服务供给。从创新创业需求看，我国持续推进“放管服”改革，提高政府效能，公平的市场规则和秩序的建立，将极大推动专利代理行业的创业、创新。从互联网发展趋势看，互联网与知识产权服务业的融合发展势必进一步深化，基于互联网的新业态将成为推动专利代理行业发展的新动能。这些必将对专利代理行业发展带来深远影响，专利代理行业要紧跟形势，抓住机遇，乘势而上。

客观认识专利代理行业发展存在问题。经过多年来的努力，我国专利代理行业取得了长足的发展，但我们也要清醒地看到，我国专利代理行业与中央的要求和市场的需求仍然存在一定差距。就行业发展而言，行业总体规模仍然不大，与专利事业发展的适应性还需进一步提升，发明专利申请量年均增长率持续保持在两位数，同期专利代理人的年均增长率不到10%，尚不能满足创新主体需要。就机构规模而言，机构规模总体偏小，执业专利代理人在10人以下的专利代理机构超过全国总数的2/3，超过100人的专利代理机构仅有9家。就人员结构而言，高层次人才数量偏少，执业经验不足5年的专利代理人占比超过50%，具有较高业务水平、较强业务经验的专利代理人匮乏。就服务区域而言，分布均衡性程度低，北京、上海和广东三地所拥有的专利代理机构数量占比高达50%。就服务领域而言，传统专利代理业务占总收入的90%以上，从事专利分析预警、专利价值评估、导航运营等业务的比例较低。就行业秩序而言，无序竞争、低价竞争、恶意竞争等现象仍然存在，影响了行业整体形象。

## 三、弘扬工匠精神，开创专利代理行业发展新局面

今年是深入贯彻党的十九大精神的开局之年，是改革开放四十周年，是决胜全面建成小康社会、实施“十三五”规划承上启下的关键一年，是国家知识产权战略实施十周年。修订后的新《专利代理条例》将于2019年3月正式实施，新形势下推动专利代理行业发展的意义更加重大。在中华全国专利代理人协会成立三十周年之际，站在新的历史起点上，要继续创新思路方法，务实干事创业，以积极作为、勇于担当服务知识产权强国建设。

在推进行业高质量发展上有新作为。专利代理质量是代理行业发展的生命线，是代理服务能力高低的决定性因素，事关创新主体切身利益。要积极倡导建立以诚信服务为本、以追求质量为魂、以行业自律为根的服务精神，落实专利代理机构质量主体责任，强化专利代理人签名责任，引导督促专利代理机构建立内部质量检查制度，建立专利代理质量评价体系，明确代理质量评价标准，共同塑造中国专利代理品牌。

在推进“放管服”改革上有新举措。简政放权、放

管结合、优化服务是中央作出的重大决策，对推动政府职能转变、激发市场活力和社会创造力具有重大意义。“放管服”改革不仅是行业主管部门一家的事情，更需要行业组织积极配合，创新举措，填补简政放权的空白，促进放管结合的联动，继续在优化服务上破难题、出实招、下更大功夫，完善“良性互动、相互支撑、高效运作”的协调机制，推动专利代理行业科学发展。

在加强行业能力建设上有新思路。充分发挥协会在专利代理行业开拓进取过程中的引领与推动作用，认真谋划专利代理行业的长远发展思路，推动专利代理机构拓展服务范围、深化服务内容、提升服务能力。不断强化行业诚信建设，规范代理服务行为，积极贯彻专利代理机构服务规范，健全行业培训体系，加强行业能力建设推动专利代理服务向标准化、规范化、优质化、专业化方向发展。

在发挥桥梁纽带作用上有新贡献。进一步发挥协会在行业主管部门与会员之间的“桥梁与纽带”作用，强化在政府宏观经济管理和企业微观经济中的“传送带”和“上挂下联”的功能，密切行业主管部门与广大会员的联系，形成行业管理与行业自律的合力，共同营造良好的行业氛围，努力促进专利代理行业在我国知识产权创造、运用、保护环节能够发挥出更加积极的作用。

在推进行业自律管理上有新突破。按照中央关于加强和创新社会管理及社会团体改革的有关要求，研究新形势下协会加强行业自律管理的有效路径，完善协会的民主决策、民主监督、民主管理机制，加强党的领导和党建工作，进一步调动全体会员参与协会工作的积极性，使协会在促进行业发展、维护行业利益、保障会员权益、提高执业水平、服务社会公众等方面有更大的作为。

三十而立，蓄势待发。新时代为专利代理行业迎来新的发展机遇，赋予专利代理行业新的使命。我们要在以习近平同志为核心的党中央坚强领导下，认真学习、深刻领会和全面落实党中央、国务院各项决策部署，切实提升专利代理服务质量，拓展专利代理服务领域，提升专利代理服务能力，推进专利代理行业又好又快发展，为知识产权强国建设作出新的更大贡献。

# 深入落实“放管服”改革要求努力开创专利代理行业改革发展新局面

雷筱云

## 个人简历

雷筱云，国家知识产权局知识产权运用促进司司长，北京大学法律硕士，全国首批知识产权领军人才。长期从事国家和地方两个层面的知识产权宏观管理工作，牵头负责专利运营、导航、质押融资、保险、质量提升等创新业务的顶层设计和统筹推进；推动建立省、市、县、园区、企业等多个层面的知识产权业务推进体系；牵头完成全国专利战略推进、知识产权强省、强市、强企建设等多项重大政策文件的制定实施；牵头负责企业、高等学校、科研机构等知识产权管理国家标准的制订实施；牵头负责《知识产权行政管理工作的定位及未来发展问题研究》等若干重大课题研究，发表多篇学术论文，具有扎实的知识产权宏观管理理论基础和丰富的实践经验。

党的十九大报告从我国发展进入新时代的历史方位出发，对深化行政体制改革、转变政府职能作出重要部署，强调要“转变政府职能，深化简政放权，创新监管方式，增强政府公信力和执行力，建设人民满意的服务型政府”。专利代理行业是技术和法律相结合的高端专业化服务行业，服务于知识产权创造、运用和保护的全过程，是支撑专利制度有效运行的关键环节和重要保障。推动专利代理行业健康发展，要加快政府职能转变，坚持不懈推进“放管服”改革，完善发展环境，充分激发专利代理行业的活力。

## 一、开拓创新，锐意进取，专利代理行业发展取得显著成效

专利代理行业是伴随着我国专利事业的快速发展，逐渐发展壮大起来的。目前，专利代理行业总体上呈现出规模逐渐壮大、服务能力不断提升、服务范围不断拓

展、运行体系更趋健全的良好发展态势。截至 2018 年 9 月，42566 人取得专利代理人资格，执业专利代理人达到 18354 人，专利代理机构达到 2098 家，设立分支机构 1400 家。能够提供涉外服务、专利预警、分析、许可、质押融资、专利诉讼、调解等服务的代理机构数量快速增加。开展 PCT 申请业务的机构数量超过 1000 家。专利代理人才素质全面提高，服务能力显著增强，涌现出一批掌握法律、熟悉技术、精通外语的复合型人才。近年来，专利申请代理率、发明专利申请代理率逐年提高，2017 年分别达到 68% 和 73%。从国内发明专利申请授权率来看，有代理机构代理的授权率约为 59%，远高于无代理机构代理的 26%。专利代理行业营业收入快速增长，2017 年达到 260 亿元，与 2015 年相比增长了 71%。

为落实党中央、国务院关于转变政府职能、加大“放管服”改革力度、加快服务业发展的决策部署，在各地方知识产权局、中华全国专利代理人协会的支持配合下，国家知识产权局在促进专利代理行业发展方面主要采取了以下措施。

### （一）加强顶层设计，建立健全法律法规制度，优化行业发展环境

贯彻落实《国家知识产权战略纲要》《国务院关于

新形势下加快知识产权强国建设的若干意见》《“十三五”国家知识产权保护和运用规划》的总体要求，印发《专利代理行业发展“十三五”规划》，明确了“十三五”期间行业发展的思路、目标、具体举措和重大工程，充分发挥政府对于行业发展的宏观管理作用。自2011年以来，国家知识产权局积极配合（原）国务院法制办推动《专利代理条例》的修订工作。2018年9月6日，国务院第23次常务会议审议通过修订后的《专利代理条例》。目前，国家知识产权局正积极推动《专利代理管理办法》等配套部门规章的修订工作。

### （二）服务“双创”，持续推进考试制度改革，壮大专利代理人队伍

近些年来，国家知识产权局加大改革力度，多措并举，持续推进考试制度改革，吸引更多优秀人才进入专利代理行业。具体措施包括：增加考试频次，将每两年一次考试改为每年一次、将要求一次通过调整为允许三年内分科通过；放宽考试报名条件，允许学习期满一年以上的在读硕士研究生报名参加考试；开发建设网上考务管理信息系统，实行计算机化考试；逐步放开香港、澳门、台湾居民参加内地专利代理人资格考试，截至2017年，共有56名香港考生、1名澳门考生和436名

台湾考生通过考试获得了专利代理人资格证；实施专利代理人资格区域倾斜政策，加大对于专利代理人才严重不足地区的政策支持力度。

### （三）简政放权，降低行业准入门槛，促进专利代理机构发展

积极推进专利代理行政审批制度改革，主动下放一项行政审批事项、取消全部三项中央指定地方实施的审批事项，取消专利代理机构年检，实行专利代理机构年度报告公示制度。自 2012 年起，先后在重庆等 16 个省（区、市）开展加快专利代理行业发展试点工作，将设立合伙制专利代理机构的条件，由 3 名合伙人发起降低为 2 名合伙人，允许不超过 1/5 的股东不具有专利代理人资格。截至 2017 年底，共设立了 301 家享受试点政策的专利代理机构。

### （四）放管结合，加强事中事后监管，开展专利代理行业集中整治工作

出台《专利代理行政执法规程》，明确执法内容和执法方式，规范专利代理行政执法工作。做好“放”与“管”的有效衔接，建立专利代理机构经营异常名录和严重违法专利代理机构名单。开展专利代理专项整治工

作，严肃查处专利代理“挂证”、无资质代理等违法违规行为，清理整顿并曝光一批违法违规执业的机构和人员。2016 年至 2017 年，全国共抽查 1200 余家专利代理机构、7000 余名专利代理人，给予 2 家专利代理机构行政处罚，吊销 3 名挂证人员的专利代理人资格证书，核实并注销 48 人的专利代理执业证，撤除 27 家机构的虚假宣传违法信息。

### （五）优化服务，推进行政许可标准化，在“便民利民”上下功夫

开发建设专利代理管理系统，专利代理审批实现了全流程电子化和网上审批，提高了行政审批效率，审批工作实现办结零超时。编制、持续更新并在网上公示服务指南、审批流程图，方便群众办理审批手续。简化行政审批手续，优化流程，实行告知承诺制度。全面梳理证明事项，取消专利代理机构注册资本最低限额、验资证明、人事档案存放证明、办公场所等不必要的证明文件，有效减轻群众负担。

### （六）人才为基，开展实施专利代理行业系列培训，显著提升服务能力

提升行业服务能力和水平，完善行业培训机制，开

展专利代理人实务技能培训，逐步建立了常态化的代理人才培训、考核和评价制度，分层次设计培训课程，完成了对执业专利代理人的全员培训。国家知识产权局与同济大学等高校合作探索建立专利代理方面的学历教育，加大高端代理人才培养力度。支持地方知识产权局与高校合作，积极开展专利代理人才培训。北京、江苏等地针对在读硕士研究生开展专利代理实务培训。截至2017年，培养全国知识产权领军人才42人，行业高层次人才190人。

### （七）加强指导，完善行政管理与行业自律相结合的管理机制，提升行业组织服务水平

引导、支持专利代理行业组织健康发展，鼓励全国性专利代理行业协会与地方行业协会加强合作交流。积极支持行业组织加强行业自律，提升行业协会服务水平，加强行业协会制度建设和能力建设。推动行业组织持续完善会员制度，建立行业执业保险制度，拓宽投诉渠道。积极倡导建立以“诚信经营、优质服务”为核心的行业文化理念。鼓励支持专利代理援助及公益服务，提升全行业的社会责任感和认可度。

## 二、深入学习贯彻党的十九大精神和中央“放管服”改革要求，准确把握专利代理行业发展的新使命新要求

党中央、国务院高度重视知识产权工作，作出了一系列重大决策部署。党的十九大指出，倡导创新文化，强化知识产权创造、保护、运用，为知识产权工作提供了根本遵循。习近平总书记指出，加强知识产权保护，是完善产权保护制度最重要的内容，也是提高中国经济竞争力最大的激励。李克强总理强调要加强知识产权保护和运用，完善知识产权创造、保护和运用体系，营造良好法制环境。这些重要指示深刻揭示了知识产权发展的客观规律、丰富内涵和重要作用，进一步明确了知识产权的功能定位，赋予了知识产权新的时代内涵，对知识产权工作提出了新的具体要求，为推进专利代理行业发展指明了方向。

### （一）深刻认识中央“放管服”改革新要求

党的十八大以来，以习近平同志为核心的党中央从全局出发，把转变职能作为深化经济体制改革和行政体制改革的关键，多次作出部署。国务院高度重视“放管

服”改革工作，李克强总理指出，持续推进“放管服”改革是一场重塑政府和市场关系、刀刃向内的政府自身改革，是实现经济稳中向好的关键一招，是激发市场活力、增强内生动力、释放内需潜力的战略举措。党的十九届三中全会作出重新组建国家知识产权局的重要决定，实现了专利、商标、原产地地理标志等知识产权的综合管理，为知识产权事业发展作出了顶层设计。专利代理行业站在新的发展起点上，要按照中央推进“放管服”改革的要求，结合专利代理行业发展特点，在“放”上下更大功夫，进一步做好简政放权的“减法”，在创新监管方式上破难题，做好加强监管的“加法”和优化服务的“乘法”，营造良好的发展环境，积极推动专利代理行业高质量发展。

## （二）客观看待当前专利代理行业发展现状

在客观看待专利代理行业发展所取得的成绩的同时，也要清醒地认识到我们的工作与中央的要求、与市场的需求、与社会的期待相比还有一定的差距。一是专利代理行业发展规模与知识产权事业发展需求不相适应，专利代理人才和机构数量尚不能满足专利事业快速发展的需求；二是专利代理服务水平与创新发展需求不相适应，服务质量、服务能力还需进一步提升；三是行业监管与市场发展状况不相适应，行业监管不到位，监管能力不强，主动监管意识不足，提交非正常申请、“黑代理”、不正当竞争等老问题尚未得到根本解决。此外，“互联网+”背景下的专利代理服务新模式、新业态也为行业发展和监管工作提出了新命题。

### （三）着力推动专利代理行业实现新发展

面对新形势、新要求，要以更大的努力、更大的决心、更大的担当，积极推动专利代理行业高质量发展。一是出台政策要更加精准。要根据市场需求，及时出台政策措施，并根据实际效果适时调整。二是行业监管要更加主动。多渠道发现违法违规线索，严肃查处违法违规行为。三是政府服务要更加优化。进一步提升行政审批效率，优化审批流程，促进高质量专利代理服务供给，引导企业布局高价值专利。四是机构运营要更加规范。要以贯彻落实《专利代理机构服务规范》国家标准为重要工作抓手，大力提升代理机构运营的规范性。五是服务领域要更加广泛。要努力将专利代理服务的链条向创造前后两端延伸，向运用的深度拓展，走多元化发展之路。六是能力水平要更加提升。着力培养一批水平高、能力强、具有国际视野的专利代理人才，夯实行业发展基础。

## 三、强化监管，优化服务，全面推动专利代理行业实现高质量发展

2018 年是贯彻党的十九大精神的开局之年，是改革开放四十周年，是决胜全面建成小康社会、实施“十三五”规划承上启下的关键一年，是国家知识产权战略实施十周年。修订后的新《专利代理条例》（以下简称“新条例”）即将颁布实施，新形势下推动专利代理行业高质量发展的意义更加重大。

### （一）贯彻新条例，推进专利代理行业健康发展

专利代理立法工作是专利代理行业的立业之本，新条例的出台为推动专利代理行业发展提供了重要法律保障。新条例充分考虑了专利代理专业人员发挥的重要作用，将专利代理人的称谓修改为“专利代理师”；取消了实践中的执业证制度，建立了专利代理师执业备案制度，赋予地方在行业管理方面更大的权力和职责；增加了专利代理师签名责任的规定，消除专利申请文件“挂名”导致的“质量责任真空”；回应了行业的长期诉求，明确打击“黑代理”的法律依据。

下一步将积极贯彻落实新条例，加强宣传普及，尽

快完成条例配套部门规章的修订工作，做好专利代理管理系统改造等软硬件配套工作，确保新条例顺利实施。

## （二）简政放权，推动专利代理行业科学发展

以政府服务的“难点”、群众的“痛点”为突破口，把“人民群众高兴不高兴、满意不满意”作为最高标准，深化专利代理行业改革试点工作。在风险可控、加强监管的前提下，尊重企业经营自主权，适时进一步放宽专利代理机构组织形式，积极稳妥开展个人事务所制度试点。结合行业发展需要，完善执业经历认定制度，有序开展企事业单位中具有专利代理人资格的人员的执业经历认定试点工作。优化行政审批服务，认真落实国务院“马上办、网上办、一次办”的要求。在2018年年底之前，把专利代理机构设立审批时间由目前的20天进一步缩短为10天。

## （三）加强监管，促进专利代理行业规范发展

健全以“双随机、一公开”监管为基本手段、以重点监管为补充、以信用监管为基础、以“互联网+”技术为支撑的新型监管机制，着力营造公平竞争的专利代理市场环境。强化监管主体责任，实施更加主动的监管，由“被动救火”转变为“主动发现、严肃查处、

及时曝光”，重点打击编造专利申请、提交非正常申请、擅自开展专利代理业务、不正当竞争等违法违规行为。加强国家、地方、专利代理人协会在惩戒工作中的分工和配合机制。通过编写发布“专利代理惩戒典型案例集”等形式，加强对惩戒工作的业务指导。加强地方专利代理执法能力建设，促进专利代理机构规范经营。要坚持“包容审慎”的原则，探索“互联网+”专利代理服务监管模式，促进专利代理“互联网+”服务依法依规发展。

### （四）精准施策，扶持专利代理行业优化发展

积极协调相关部门，争取支持、及时出台促进专利行业优化发展的政策措施，努力推动专利代理人纳入技术职称系列，推动专利代理机构纳入高新技术企业享受优惠政策范围，推动专利代理机构税收享受加计扣除等政策。围绕促进专利代理行业发展改革试点、推进专利代理援助等重点工作，鼓励各地出台配套激励、扶持政策。引导和鼓励专利代理机构在夯实传统业务的基础上，积极拓展服务领域。鼓励规模大、实力强的代理机构主动参与国际竞争，培养高端代理人才，增强为创新主体提供高端服务的能力，努力满足创新主体多层次、多样化的服务需求。

## （五）提升能力，支撑专利代理行业可持续发展

以贯彻落实《专利代理机构服务规范》国家标准为抓手，推动专利代理机构全面加强能力建设，在2018年开展小范围“试贯标”工作的基础上，提前做好谋划，积极推进在2019年全面铺开贯标工作。探索建立完整的专利代理行业人才培养体系，丰富培训方式和手段，形成考前培训、上岗培训、执业继续培训环环相扣的培训机制。贯彻落实《中共中央　国务院关于营造企业家健康成长环境弘扬优秀企业家精神更好发挥企业家作用的意见》文件精神，在专利代理行业中引导、激励和培养出一批企业家，秉承工匠精神，树立专利代理精品意识，在高精专服务上下功夫。

## （六）严管厚爱，引导专利代理行业自律发展

引导行业协会加强会员单位管理。当专利代理人执业权利被侵害时，有行业协会作为“娘家人”撑腰；当发现专利代理人在执业过程中违反自律规范时，要以“零容忍”的态度，对违反自律规范的专利代理人予以惩戒。中华全国专利代理人协会作为行业主管部门与专利代理机构、专利代理人之间的桥梁和纽带，在行政管理与行业自律相结合的模式下发挥了极其重要的作用。

近些年来，中华全国专利代理人协会通过强化行业自律，加强诚信建设，强化人才培养，积极开展国际交流，在业内外、国内外的影响日益扩大，有力推动了专利代理行业健康发展。

值此中华全国专利代理人协会成立三十周年之际，希望行业组织工作“百尺竿头更进一步”，做好会员管理，进一步提升协会凝聚力，做好行业自律，进一步提升协会影响力，做好人才培训，进一步提升协会吸引力。

新时代，我们要在以习近平同志为核心的党中央的坚强领导下，认真落实好党中央、国务院的决策部署，加强协调，密切配合，以敢担重担的精神，以更扎实的作风，推动专利代理行业为知识产权创造、运用、保护全链条提供全面和全方位服务，为加快知识产权强国建设、助力我国经济高质量发展作出更大的贡献。

# 新时代专利代理行业发展的责任与担当

韩秀成

## 个人简历

韩秀成，1961 年 5 月生于山东日照，现任国家知识产权局知识产权发展研究中心主任、研究员。1984 年毕业于山东大学中文系，同年进入原中国专利局工作，历任办公室副处长、处长，国家知识产权局办公室副主任、巡视员，2013 年起任现职。

多年来，主要从事知识产权政策和战略研究，主持或作为主要研究人员参与《国家知识产权战略纲要》研究、知识产权强国问题研究、国家知识产权运用和保护“十三五”规划研究等在内的 20 余项重大政策研究，出版专著《专利往事》《攻防两用话专利》，合著、主编、合编《领导干部知识产权读本》等多部著作，在《知识产权》《管理世界》及《人民日报》《经济日报》《光明日报》《科技日报》《中国知识产权报》等学术期刊和报纸发表系列文章，其中 10 余篇论文获国家或有关部门奖励。

伴随改革开放的伟大进程，短短四十年间，与我国专利制度相伴而生的专利代理事业取得了巨大进步和成就，为推动和支持专利事业发展、激发自主创新、促进经济社会发展发挥了不可或缺的重要作用。党的十九大指出，要倡导创新文化，强化知识产权创造、保护、运用。习近平主席在博鳌亚洲论坛上强调："加强知识产权保护，是完善产权保护制度最重要的内容，也是提高中国经济竞争力最大的激励。"专利代理是专利制度的重要内容，加快专利代理事业发展也是强化知识产权创造保护运用、支撑专利高质量发展、提高经济竞争力的重要举措。站在改革开放四十年的历史节点上，系统梳理改革开放以来专利代理制度的发展成就和作用，深刻认识当前专利代理行业面临的问题和挑战，明确定位新时代专利代理行业的责任和担当，这对我国建设知识产权强国、服务经济高质量发展和科技强国建设具有十分重要和长远的意义。

## 一、改革开放四十年专利代理事业的显著成就和重要作用

改革开放四十年，我国知识产权事业创造了一个又一个奇迹和辉煌，成就举世瞩目，其中一个非常重要的成果就是建立了比较完善的专利代理制度、繁荣发展了专利代理事业。1984 年 3 月 12 日，第六届全国人大常委会第四次会议审议通过了《中华人民共和国专利法》，标志着我国专利制度的诞生，同时也开启了专利代理制度建立发展的历史。《专利代理暂行规定》《专利代理条例》《专利代理管理办法》《专利代理惩戒规则（试行）》《专利代理机构服务规范》等配套法规文件相继出台实施，专利代理制度在改革开放进程中不断演进完善。特别是 1991 年国务院发布了《专利代理条例》，这是我国专利代理事业发展的一个里程碑。2018 年 9 月 6 日，国务院第 23 次常务会议修订通过了《专利代理条例》，修订后的《专利代理条例》于 2018 年 11 月 6 日由国务院令第 706 号公布，自 2019 年 3 月 1 日起施行。这标志着我国专利代理制度更加成熟和完善。伴随着专利代理制度的建立和完善，专利代理事业也从无到有、从小到大，规模逐渐壮大，服务能力不断提升，行业自

律不断加强，运行体系更趋健全。据统计，截至2017年，全国获得专利代理人资格证人数达到3.7万人，其中执业专利代理人超过1.6万人，是1984年首批250名专利代理人的64倍；专利代理机构达到1824家，同比2008年增加159.1%。[1] 2017年，开展《专利合作条约》（以下简称PCT）申请业务的机构数量超过1000家，与2015年相比增长了43%。专利代理人才素质全面提高，服务能力显著增强，涌现出一批熟悉法律、精通外语的复合型人才，其中专利代理行业领军人才42人，专利代理高层次人才190人。专利代理事业的蓬勃发展，对推动我国专利事业健康和高质量发展、促进科技进步和创新驱动发展产生了重要而深远的影响。这主要表现在以下四个方面。

### （一）专利代理制度推动了社会创新能力的提升

我国专利代理制度建立以来，国内发明专利代理率呈总体上升趋势，基本保持在60%～70%（见图1）。与欧美等发达国家建立专利制度普遍达到上百年相比，我国建立现代意义的专利制度仅35年，尚处在专利制度建

---

[1] 国家知识产权局条法司．专利代理行业发展状况（2017年）显示：我国专利代理事业发展势头良好［EB/OL］．（2018－04－27）．http：//www.sipo.gov.cn/mtsd/1123783.htm.

立初期，社会公众对专利和专利制度的了解、认识和运用普遍欠缺，专利申请，特别是发明专利申请，更加离不开熟悉专利相关知识和接受过专门训练的专利代理人的帮助。专利代理人利用职业技能和专利信息资源为发明人提供知识产权服务的过程，也是避免重复研究和侵权纠纷、关注技术发展、推动研发创新的过程。正是专利代理制度的有力助推，专利意识得到了加快普及，创新观念也不断深入人心，创新主体的创新能力进一步加强，专利申请受理量高速增长，社会创新能力得到明显增强。据统计，1985～2017年，我国发明专利申请量由0.9万件增长至138.2万件，年均增长17.2%，其中2017年国内发明专利申请量达到124.6万件，每万人口发明专利拥有量达到9.8件，较2016年提高1.8件；特别是2008年《国家知识产权战略纲要》实施以来，我国发明专利申请量年均增速达到27.8%，呈现快速发展的态势。[1] 同时，根据世界知识产权组织（WIPO）公布统计数据显示，2017年来自中国的PCT专利申请达到48882件，较上年增长13.4%，超过了日本的48208件，升至全球第二位。

[1] 基础数据来源：国家知识产权局统计年报（http：//www.cnipa.gov.cn/tjxx/gjzscqjtjnb/index.htm）。其中，1985年到2016年为发明专利申请受理量，根据国家知识产权局对专利统计数据公开内容的调整，2017年为发明专利申请量。

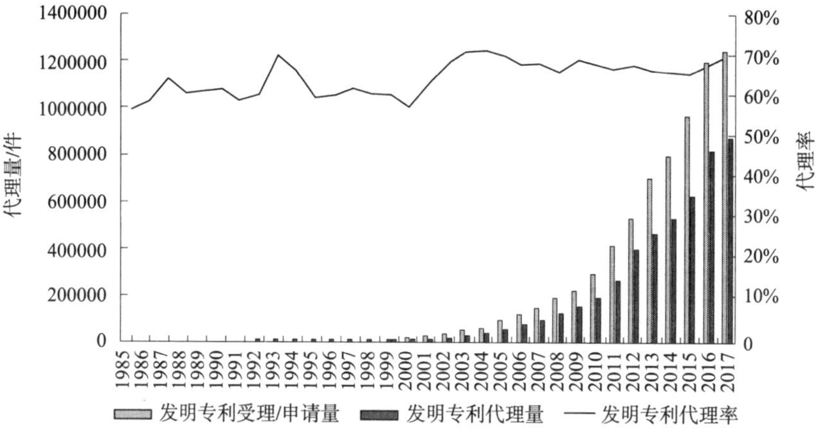


**图1　1985～2017年我国国内发明专利代理量及代理率历年变化情况❶**

## （二）专利代理制度促进了我国专利质量的提升

专利申请文件中，权利要求书是确定专利保护范围的核心文件。无论是在专利申请，还是在专利诉讼中，权利要求书都发挥着关键、决定性的作用。权利要求书中权利要求项数的多少代表着技术方案的复杂程度，权利要求项数越多，技术方案的复杂性和完整性会越高。同时，权利要求项数的多少也说明无效阶段被宣告无效的可能性，权利要求项数越多，权利要求被宣告全部无

❶ 基础数据来源：国家知识产权局统计年报（http：//www. cnipa. gov. cn/tjxx/gjzscqjtjnb/index. htm）。其中，1985年到2016年为发明专利申请受理量，根据国家知识产权局对专利统计数据公开内容的调整，2017年为发明专利申请量。

效的可能性会降低。因此，在评价专利质量的指标中，普遍将权利要求的项数作为一项重要指标。据相关统计数据显示，除1993年、2000年和2003年未委托代理的发明专利权利要求项数超过委托代理的发明专利以外，1985年到2015年均为委托代理的发明专利权利要求项数超过未委托代理的发明专利，并且2004年到2015年两者之间的差距基本保持稳定，委托代理的发明专利权利要求项数稳定在6～8项，明显高于未委托代理的发明专利权利要求项数。[1] 另有统计数据显示，委托代理的国内发明专利授权率约为59%，远高于未委托代理机构的26%。上述数据充分说明，委托代理机构的发明专利权利要求项数和授权率均高于未委托代理机构的发明专利，专利代理人通过自身职业优势，为专利质量的提升发挥了重要作用，提供了有力保障。

### （三）专利代理制度降低了专利行政审批成本

自2008年《国家知识产权战略纲要》实施以来，我国专利申请数量持续快速攀升，PCT国际专利申请量以及复审、无效请求量均大幅增长，缩短审查周期、提高审查效率、降低审查成本特别是时间成本迫在眉睫。

[1] 彭文波. 基于大数据分析的专利代理质量研究［D］. 湘潭：湘潭大学，2016：18－19.

要做到这一点，一方面需要专利行政审批部门完善专利审查体系、扩大专利审查人力资源、增强专利审批能力，如近年国家知识产权局在这方面做了大量工作，取得了明显成效。另一方面需要提高专利申请文件质量，有效避免由于不了解或不理解相关规范规定而造成的不必要的审查意见发送和答复流程。在这方面，专利代理人充分发挥了精通法律规定、熟悉审批流程、了解技术背景、与行政机关和司法机关沟通高效等优势，在专利申请文件起草、提交、答复审查意见等过程中切实提高了审批效率，有效降低了行政审批这一制度性交易成本。统计数据显示，1994～2010 年，委托代理机构的发明专利申请平均结案周期比未委托代理机构的短半年。[1]

### （四）专利代理制度发挥了促进对外贸易的独特作用

随着我国改革开放的不断深入，特别是加入世界贸易组织后，越来越多的企业选择“走出去”，参与国际竞争和合作，知识产权贸易成为企业重要的经营方式。开展知识产权贸易，前提是形成知识产权作为标的，这就要求企业在目的国家或地区做好专利布局。相比较国

[1] 彭文波．基于大数据分析的专利代理质量研究［D］．湘潭：湘潭大学，2016：18－19.

内专利布局，在国外布局难度更大，除了要熟悉国内的法律法规和市场，还要熟悉国外的法律法规、营商环境、经济安全以及克服语言障碍等。因此，随着大量企业“走出去”，专利代理机构为企业提供更多更专业的国际专利代理服务，有力促进了涉外专利代理事业和对外贸易的发展。世界知识产权组织发布的《2018 年 PCT 年鉴》显示，全球范围内提交 PCT 国际专利申请的代理机构中，第一名是我国专利代理机构（3256 件），还有三家我国代理机构分列第三、第五和第九位，另有其他 14 家中国代理机构也进入了榜单前 50 名。[1] 2017 年，我国知识产权使用费贸易总额为 333.84 亿美元，同比增长 32.7%，其中，知识产权使用费出口额为 47.86 亿美元，同比增长 311.5%，增速居国内服务贸易之首。[2]

## 二、现阶段专利代理行业面临的问题和挑战

总体来看，经过改革开放四十年的发展，专利代理事业取得了令人瞩目的成绩。但是，进入新时代，面对建设知识产权强国、实现高质量发展的新形势、新目

---

[1] 世界知识产权组织发布《2018 年 PCT 年鉴》[EB/OL].（2018－09－26）. http：//www.sipo.gov.cn/mtsd/1132382.htm.

[2] 311.5%！知识产权使用费出口额为何暴增？[EB/OL].［2018－03－05］. http：//www.sipo.gov.cn/mtsd/1120434.htm.

标、新要求，专利代理行业也面临着一些问题和挑战。概括地讲，主要体现在以下三个方面。

## （一）专利代理行业的发展与我国创新驱动发展的要求还不相适应

当前，我国经济已经由高速增长阶段进入高质量中高速发展阶段，发展方式正在由要素驱动向创新驱动转变，这对专利代理服务的专业化、多元化、国际化水平提出了更高要求，迫切需要专利代理服务全面融入技术创新、专利保护及运用等创新链条的各个环节，有效利用专利信息资源和数据库，提供高质量专利分析和预警以及为创新主体制定专利战略布局、专利许可和转让、专利导航、知识产权评议等服务。但是，目前我国知识产权服务使用情况主要集中在申请登记注册等基础服务方面，法律咨询、金融服务、海外服务等类型相对较少。根据2017年中国专利调查报告显示，2016年专利权人的知识产权公共服务使用情况中，申请登记注册类比例高达75.2%，知识产权信息类47.1%，而金融服务类、海外知识产权服务类分别仅为31.3%和11.2%。[1] 特别是当前我国能够提供多元化和国际化服务

---

[1] 2017年中国专利调查报告［EB/OL］.［2018－04－03］. http://www.sipo.gov.cn/zscqgz/1121280.htm.

的专利代理机构和代理人数量相对较少，专利战略策划等国际化高端信息服务的能力明显不足，难以适应知识产权强国和科技强国目标建设需要，专利代理服务亟待创新发展。中华全国专利代理人协会推荐的2017年第二期诉讼代理人更新名单数据显示，目前我国共有2242名专利诉讼代理人，[1]占当年全国执业代理人的比重仅为13.7%。另有统计数据显示，我国企业专利信息利用率约为35%，充分利用率仅为1%，而日本企业为92%。由于专利信息利用严重不足，我国企业每年因此造成的侵权及高额赔偿案件屡屡发生，科研机构科研重复率高达40%。[2]

## （二）专利代理行业的发展与专利质量提升还不相匹配

当前，我国建设知识产权大国面临的现实问题是知识产权“大而不强、多而不优”，技术供给水平偏低。为此，在《“十三五”国家知识产权保护和运用规划》中，提出要“提高专利质量效益”，并将“专利质量提升工

---

[1] 国家知识产权局条法司．专利代理行业发展状况（2017年）显示：我国专利代理事业发展势头良好［EB/OL］.（2018－04－27）. http：//www. sipo. gov. cn/mtsd/1123783. htm.

[2] 曾志华．善用专利信息提高企业核心竞争力：专利竞争未来　信息引领世界［G］//甘绍宁．专利文献研究2012．北京：知识产权出版社，2012：209－216.

程”作为四大工程之一。专利代理是创新成果转化为专利权的重要环节，是提高专利质量的基础和关键。但是，现阶段我国专利代理机构和专利代理人的服务质量参差不齐，“文档整理”型、“审核兼跑腿”型等低端代理服务普遍存在，甚至存在一些违法违规的不良现象，专利代理“挂证”、无资质“黑代理”、代理“非正常专利申请”等违背职业道德和执业纪律、扰乱正常经营秩序的行为时有发生，直接影响了专利代理质量以及专利质量。2017 年，在全国开展集中治理专利代理人资格证书挂靠行动中，累计抽查专利代理机构 1200 余家，抽查执业专利代理人 7000 余人；清理整顿并曝光了一批违法违规执业的机构和人员，注销执业证或办理注销手续的 89 人，给予 2 家专利代理机构行政处罚，吊销 3 名“挂证”人员的专利代理人资格证书。[1] 2017 年，国家知识产权局行政处罚的 14 件专利代理违法行为中，2 件涉及“伪造专利权转让协议、擅自变更发明专利申请人”，1 件涉及“私自接受委托，承办专利代理业务，收取费用”并“泄露委托人的发明创造内容”。[2]

[1] 国家知识产权局条法司. 专利代理行业发展状况（2017 年）显示：我国专利代理事业发展势头良好［EB/OL］.（2018－04－27）. http：//www. sipo. gov. cn/mtsd/1123783. htm.

[2] 国家知识产权局条法司. 专利代理行业发展状况（2017 年）显示：我国专利代理事业发展势头良好［EB/OL］.（2018－04－27）. http：//www. sipo. gov. cn/mtsd/1123783. htm.

### （三）专利代理行业发展与专利事业发展还不相协调

从专利代理行业发展来看，我国专利代理行业长期存在执业专利代理人增速低于发明专利申请受理量增长速度的现象，尤其是2008～2013年增速差异明显，增速之差最大的2011年达到29.5%。从专利代理机构结构分布来看，我国专利代理机构组成总体偏小、分布均衡性程度低。2017年我国执业专利代理人在10人以下的专利代理机构超过了全国专利代理机构总数的2/3，超过100人的专利代理机构仅有9家，北京、上海和广东三地所拥有的专利代理机构数量占比高达50%。从专利代理人层面来看，在不考虑实用新型和外观设计专利申请、国外来华专利申请以及无效、诉讼等其他代理事务的前提下，2008～2017年，每位执业专利代理人仅代理国内发明专利申请年均工作量就在34～81件，近年稳定在75～81件的水平，远高于美国专利代理人14.65件/人/年、日本专利代理人24.66件/人/年的劳动强度[1]。专利代理行业发展数量不足、结构不优、分布不均，以及专利代理人能够在每件专利申请中投入的精力

[1] 高永懿. 知识产权服务业高端人才稀缺［J］. 北京观察，2016，332（6）：30-31.

和时间严重不足等客观现状，导致创新主体对高质量专利代理服务的实际需求难以得到满足。

## 三、新时代专利代理行业的责任和担当

进入新时代，以习近平同志为核心的党中央着眼于知识产权事业长远发展，作出了一系列重大战略决策和部署，特别是党的十九届三中全会决定重新组建国家知识产权局，将专利、商标、原产地地理标志等知识产权的管理职能全部纳入国家知识产权局，专利代理事业迎来了前所未有的发展机遇，也面临着新时代的更高要求。站在新的历史起点上，专利代理行业再出发，必须坚持问题导向，强化责任担当，进一步发挥专利代理服务贯穿知识产权创造、保护、运用全链条的独特优势，确保与知识产权事业发展和国家现代化进程相匹配、相协调、相一致，为实施国家知识产权战略、建设知识产权强国、实现创新驱动发展和科技强国目标提供有力支撑。

### （一）专利代理行业必须走创新发展之路

为适应现阶段我国创新水平和发展需要，专利代理行业必须把改革创新摆在首要位置，创新服务形式，拓展服务内涵，努力为国内外创新主体提供专业化、多元

化、国际化服务。一方面，主动适应知识产权强国建设要求，在持续提升核心专利代理服务能力的基础上，积极推动专利代理服务链条向创造前后两端延伸、向保护广度延伸、向运用深度延伸，大力开展专利分析和预警、专利许可和转让、专利导航、知识产权评议等全方位服务，同步引导专利代理机构拓展提升商标、地理标志等知识产权全领域服务。另一方面，坚持以开放促改革，主动向国际先进专利代理机构看齐，进一步拓宽国际视野、开展国际合作，为放宽专利代理机构股东和合伙人的条件限制做好准备，推动专利代理领域不断扩大开放。结合企业“走出去”的实际需求，大力培育具有国际化服务能力的专利代理人才，进一步提升专利代理机构的国际竞争力，切实提供企业迫切需要的高质量涉外知识产权服务。

### （二）专利代理行业必须走质量提升之路

在目前我国多数专利申请委托给专利代理机构的情况下，专利代理质量直接关系到专利质量。解决当前我国专利代理服务质量有待提高的问题，首要任务是提升专利代理质量意识，专利代理机构和专业代理人必须牢固树立“质量至上、质量优先”的责任意识，牢固树立诚信服务的发展意识，努力提升代理质量。其次，围绕实施专利质量提升工程，狠抓专利代理质量的相关政策措施落地，通过政策鼓励质量提升、促进“优胜劣汰”，同步强化专利代理机构自身质量建设、品牌建设，尽快实现从“重数量”向“重质量”的转变。此外，积极探索建立专利代理内部质量评价体系和内部质量检查制度，将专利代理质量作为代理人才成长评价以及专利代理高层次人才、领军人才、国际型人才选拔培养的重要指标，主动接受行业主管部门的监督指导，自觉接受舆论监督、群众监督、同业监督，努力形成多方共同参与的质量评价机制。

### （三）专利代理行业必须走规范自律之路

诚实守信、规范服务是专利代理的立身之本。针对当前我国专利代理行业存在的问题，关键是要加强行业自身建设，更加突出行业规范、行业自律，主动扛起专利代理机构和代理人的应尽之责。行业规范方面，重点是主动对标对表《专利代理机构服务规范》国家标准，以主人翁的姿态参与代理机构服务标准化建设进程，配合出台实施专利代理机构服务规范认证规则、认证辅导咨询指南等配套文件，进一步提升代理机构内部运营、对外服务的规范性。自律方面，充分发挥中华全国专利代理人协会以及地方协会的作用，创新行业自律的方式方法，进一步提升行业自我管理、自我服务、自我提升水平，努力成为政府管理服务专利事业发展的好帮手。要更加注重专利代理人执业精神的培育，提高行业准入标准，加强内部培训教育，保证从业人员的道德水平、知识水平，特别是要坚持以案说法、以案为鉴，内部通报专利代理违法案件，加强违法案件警示教育，引导从业人员恪守职业道德和执业纪律，从根本上提升专利代理服务能力和水平。

## 四、结　语

改革开放四十年来，专利代理事业所取得的巨大成就，是千千万万个专利代理人用辛勤的双手创造出来的。站在历史交汇期的新起点，专利代理事业迎来了前所未有的发展机遇，也面临着一系列问题和挑战。专利代理机构唯有提高站位，主动作为，积极适应新时代的形势要求，自觉扛起新时代赋予的重大责任和使命，沿着改革开放的奋进之路砥砺前行，致力于创新发展、质量提升、品牌建设，服务于知识产权强国、科技强国建设的大局，才能不断做大做强，成就一番事业，书写专利代理事业的新辉煌。

# 专利代理机构是广东知识产权事业发展的骨干力量

## ——写在中华全国专利代理人协会成立三十周年之际

马宪民

## 个人简历

马宪民，1962年出生，河南南乐人。1979年在河南中医学院学习；1984年在河南中医学院任教；1986年在广州中医学院自然辩证法研究室学习，获哲学硕士学位；1989年到广东省科委工作，先后任政策法规处处长、综合计划处处长；2000年任广东省科技厅副厅长；2008年任广东省知识产权局党组书记；2014年任广东省知识产权局党组书记、局长；2018年10月任广东省市场监督管理局党组副书记，广东省知识产权保护中心主任、党委书记。

近些年来，广东省知识产权战略深入实施，知识产权强省建设不断深化。随着创新驱动发展战略的大力推进，全省研究开发投入大幅度增长，科技创新活动日益活跃，创新成果呈爆发式增长，急需用知识产权制度予以保护。同时，随着市场经济的迅猛发展，在一向以市场化程度高、国际化程度高、外向型经济占比高而闻名的广东，许多长期在海内外市场参与竞争的企业对知识产权制度的认知和体会不断加深。这是广东省专利代理行业快速增长的大背景。广东省积极促进专利代理行业诚信经营、规范执业、错位发展、和睦共处、共创辉煌。在服务创新的同时，一批优秀的代理机构脱颖而出。截至 2018 年 9 月底，广东省拥有专利事务所 336 家、分支机构 350 家、执业专利代理人 2162 名。与 2008 年（专利事务所 84 家、分支机构 75 家、专利代理人 507 人）相比，均翻了两番以上。一批大中小型专利代理机构呈现协同发展局面，三环、粤高、华进、华学、华南、中一、嘉权、哲力、新诺、精英、顺天达、科粤等机构快速成长。这是一支保护广东省创新成果、推进广东省知识产权事业蓬勃发展的骨干力量，是广东省实施知识产权战略和建设知识产权强省的强大支撑。

## 一、专利代理机构是保护广东省科技创新成果的主力军

与2008年相比，2017年广东全省年专利申请量从10.39万件增长到62.78万件，年发明专利申请量从2.81万件增长到18.26万件；年专利授权量从6.20万件增长到33.26万件，年发明专利授权量从0.76万件增长到4.57万件；PCT国际专利申请量从3120件增长到2.68万件。五组数据分别增长5.04倍、5.50倍、4.36倍、5.01倍、7.59倍。到2018年8月底，全省有效发明专利量从1.60万件增长到23.66万件，万人发明专利量从1.68件增长到21.18件，十年来分别增长13.79倍、11.60倍。

据不完全统计，在最近五年，广东省的专利代理机构和专利代理人基本上代理了广东省专利申请量中的七成以上，达到72.6%。全省企业、研发机构和高校的科技创新成果，一批批的产业关键技术突破，通过专利代理机构和专利代理人的优质服务得到了保护。这充分说明，广东省

的专利代理机构是保护全省科技创新成果的主力军。

粤高公司是我国最早成立的知识产权服务机构之一，以“老牌、稳健、专业、发展”为特点。自2010年起，该公司年专利申请代理总量突破万件，连续9年保持年专利申请代理总量万件以上，代理总量和发明专利代理总量一直保持在行业的前茅。粤高公司坚持“亲近企业、亲近科技创新”的服务模式，通过“培训交流+现场挖掘”的方式深入企业开展专利撰写的前期沟通、梳理和挖掘工作，还针对企业重要的核心技术，派驻专门的服务团队，在研发前线与企业研发人员一起工作。

三环公司致力于高价值专利培育，积极举办高价值专利培育推进会，邀请审查员、法官、投资人结合案例从多角度分析培育高价值专利的重要性，有效提升企业对于高价值专利的培育意识和能力。三环公司为科技企业定制高价值专利分析、诊断和培育服务，为企业提出完善的高价值专利培育解决方案，不断帮助企业拓宽高价值专利培育的思路。

华学公司高度重视服务质量，设立服务质量监管委，加强内部质量管理及员工培训，促使专利代理人的专利申请文件撰写能力不断提升，以服务创新为专利申请人创造效益。专利代理人与专利申请人进行保护目的、保护范围、专利的执行程度、保护形式、申请成本等方面的评估和沟通，根据专利申请人创新发展和战略布局的需要，作出合理申请策略及专利布局，帮助客户实现知识产权保护力度的最大化。

华进公司在基础代理业务方面不断进步。2017 年度，其国内专利代理量近 21000 件，发明专利代理量逾 9000 件，涉外专利代理量近 3000 件，国内商标代理量近 27000 件，涉外商标代理量近 7000 件。该公司连续多年发明专利授权量在省内排名第一。

新诺公司致力于提供国内外专利代理、商标注册、版权代理、集成电路布图设计登记、知识产权海关备案以及知识产权纠纷处理等传统优质服务，其代理的专利曾数次获得国家、广东省以及广州市的专利金奖、优秀奖等多项荣誉。

中一公司自成立以来，累计代理申请专利 76691 件，注册商标 22336 件，登记版权 3533 件，完成诉讼 428 件，累计服务客户总量达 12289 家。深圳市 273 家上市公司中有 79 家为中一客户。

## 二、专利代理机构是知识产权金融创新和运营的生力军

近些年来，广东省大力推进知识产权运营和知识产

权金融创新并取得了明显成效。2017年，全省专利质押融资额134.60亿元，一批拥有核心知识产权的企业获得融资。2018年1~8月，全省专利权质押融资额达到140.92亿元人民币外加3300万美元，涉及专利2279件，惠及企业近400家。

广东省在知识产权运营和金融创新方面一条最重要的经验就是鼓励和引导知识产权服务机构参与知识产权质押融资工作。广东省实施知识产权金融创新促进计划，发挥知识产权服务机构的专业优势，支持知识产权服务机构与银行合作开发针对中小企业知识产权融资产品，切实降低中小企业融资门槛；引入开展专利质押融资保证保险，有效促进专利权质押融资工作开展。许多专利代理机构成为知识产权金融创新最活跃的力量。

华进公司积极探索知识产权金融运营模式：协同中国平安广东分公司推出了专利申请费用补偿险、专利无效宣告费用补偿险、知识产权评估师责任险等多个专利保险的新险种；与中国人保广东分公司合作，优化侵犯专利权责任保险、境外展会专利纠纷法律费用保险等已有险种。华进公司已累计为全国939余家企业的6812件专利投保专利保险，保额合计7318.2万元。华进公司还与银行、保险、评估机构以及有关联盟机构和投资机构合作，促成企业与金融机构对接，先后协助广东省内24家企业完成专利权质押贷款，额度超过17亿元，其中22家企业是首次开展专利权质押融资，效果明显。华进公司是“广东省产业知识产权联盟示范单位”，分别主持运作“深圳市工业机器人专利联盟”“东莞市工业机器人及智能制造专利联盟”“佛山卫浴产品专利联盟”等。

为开展知识产权运营业务，三环公司设立运营子公司，与中国建设银行推出“三环专利快贷”知识产权质押融资产品，首创无评估报告的知识产权质押融资产品，简化贷款流程，加快银行的放款速度，引导企业采取专利质押方式实现专利权市场价值，拓宽融资渠道；与中国平安保险开发“专利申请保险”“专利被侵权法律费用补偿保险”等产品，投保合计保额高达1.2亿元，有效降低申请人申请成本和维权成本；为多家企业和高校通过谈判方式获得知识产权许可费或转让费已超过1亿元。

为探索知识产权运营新业务，粤高公司不断提出创新思维。早在2006年，粤高公司就推动成立了中国家电行业的第一个专利联盟——“电压力锅联盟”，每年完成行业知识产权分析评议报告，指导联盟全年的工作。2012年，粤高公司提出建立广东模式的专利运营建议方案书，并被管理部门采纳；2015年，粤高公司提出在广东省建立专利运营基金的提案。粤高公司还在湖南和惠州分别投资成立了专利运营公司，开展产业和高校专利转移转化运营。

华学公司在服务客户获得专利授权后，还帮助客户推进授权专利实施和产业化，实现专利的内在市场价值。2016 年以来，华学公司服务企业进行了 1200 件专利转让和专利许可，并积极为企业解答专利质押融资、专利拍卖等方面的疑惑，为企业将专利评估作价投入资本市场提供法律服务，使专利代理真正融入“政产学研代”合作平台，成为科技成果转化的重要环节。

## 三、专利代理机构是推行知识产权管理规范的突击队

推行《企业知识产权管理规范》，是广东省着力“给企业决策管理者绷紧知识产权这根弦”的重要途径。一方面用标准化的方式将知识产权理念准确地灌输到企业，另一方面引导企业在其研究、生产、经营乃至决策过程中正确运用知识产权制度。这项工作在当今创新密集、竞争激烈的时代，意义重大。广东省大力推进企业贯标，截至 2018 年 9 月底，全省采取第三方认证形式累计通过贯标认证企业数量 5825 家，位居全国第一，

同期已审核待发证企业121家，已申请待审核企业2179家。专利代理机构在企业贯标工作中做出了突出贡献，在通过认证、通过审核以及申请待审的贯标企业中，由专利代理机构培训辅导的大约占了九成。

华南公司通过知识产权贯标促进企业知识产权保护能力的提升，几年来辅导企业278家，2017年提交通过认证企业93家，认证通过率100%。为提升企业知识产权管理意识和能力，华南公司贯标事业部牵头组织审核机构及自主组织进行内审员培训班5场，两年来深入园区企业组织贯标培训60场以上，受训人数2000多人。通过贯标推动，直接与企业最高领导人对接，帮助企业制定知识产权战略，从而提高企业的核心竞争力，同时也帮助公司增加了业务来源，实现专利代理机构相关服务的深化和高附加值。华南公司成为国家知识产权局专利管理司贯标辅导咨询机构，参加贯标经验交流会，分享开展贯标服务经验。

华进公司积极承担企业贯标任务。截至2018年8月，辅导贯标企业超过730家，已帮助400余家企业获得知识产权贯标认证。

作为广东省企业知识产权管理规范推进项目承担单位，三环公司积累了丰富的知识产权贯标辅导经验，赢得了客户认可。三环公司与近400家企业建立了贯标服务合作关系，其中近200家已成功通过贯标认证，另有200多家正在开展贯标辅导工作。

华学公司帮助企业制定适合自身的知识产权管理体系，为企业提供行业专利地图分布、相关技术领域专利技术热点分析、主要竞争对手知识产权状况分析、专利价值评估等业务服务，深入参与企业的研发和科研立项过程，进行相关技术领域的专利信息检索和专利分析，协助企业在创新过程中发掘值得保护的技术并确定恰当的保护方式，确定研发方向，在新产品进入市场之前做好专利预警分析，避免侵权风险，对企业拟申请的专利进行规划和指导。

## 四、专利代理机构是专利信息开发利用的重要方面军

近年来，广东省专利信息资源的建设得到较快发展，省里及各个地市配备了权威数据资源，建设了专利信息利用平台及专题专利数据库。但是，小微企业专利信息利用的意识仍较为薄弱，没有充分认识到专利信息的巨大作用，专利信息利用的能力不足。

为充分发挥专利数据资源的实际应用价值，释放专利资源活力，广东省近年来累计投入1000多万元支持

省内优秀服务机构开展订单式专利信息推送服务，通过联合省内专利信息服务机构开展各类公益性及增值服务，帮助小微企业低成本、高效、及时地利用专利信息资源，累计满足了2万多家小微企业在生产经营全流程中对专利信息的个性化需求。

参与信息推送服务的机构由省内资深的专利信息服务机构及专利代理机构组成。专利信息服务机构均有各自的商用化产品以及为企业开展信息化服务的丰富经验，在深入挖掘中小微企业的专利信息服务需求方面有较多积累，能够较好地贴合企业需要。参与推送的代理机构对各地企业的特点较为了解，并且通过专利代理等实务工作积累了丰富的客户基础，进一步挖掘和引导企业在专利信息利用方面强化工作，开展专利信息推送，成效更加显著。

专利代理机构发挥优势，针对专利基础较为薄弱、希望实现专利申请“零突破”的企业，在推送中侧重专利实务知识的培训并与研发人员一起开展“头脑风暴”，集中进行专利点的挖掘。针对有一定研发能力、希望加强知识产权成果保护的企业，一方面基于现有成果的专利申请情况进行补充挖掘检索，与已申请专利形成互补关系，强化保护；另一方面基于专利分析手段进行布局分析，通过行业布局现状和态势分析、竞争对手布局分析等数据，寻求储备式、差异式的专利申请突破点。针对园区、专业镇、特色产业等同行业企业的共同技术问题或共有竞争对手，开展批量推送。

## 五、专利代理机构是企业知识产权合法权益的捍卫者

司法保护是维护社会公平正义的最后一道防线，也是保护创新者知识产权合法权益的最后一道防线。知识产权侵权诉讼作为民事诉讼的一种，由于其所保护的对象与有形物权、债权和人身权均有较大不同，因此具有与其他民事诉讼不同的特点，如诉讼主体广泛、诉讼法律关系复杂、诉讼争点专业技术性强、取证和举证困难、侵权种类和形式多样、赔偿数额难以计算等等。专利代理机构充分发挥专业优势，可在企业知识产权诉讼方面作出重大贡献。

三环公司不断强化知识产权诉讼业务，聚集众多顶尖的知识产权律师，为客户的诉讼案件进行风险评估，制定诉讼或应诉策略，为客户争取最大利益。近三年来，三环公司代理的多个案件获选全国、广东省及广州市十大案例，其中包括在国内很有影响力的王老吉与加多宝系列广告纠纷等。

华进公司成功帮助优秀中国企业维护中国金奖专利权有效，成功承办多件对行业有重大影响的标准必要专利保护维权案件，多次成功帮助中国创新企业赴海外专利维权，维护客户合法权益。2017 年，华进公司的两名专利律师获评“广州知识产权大律师”称号，体现了华进公司在知识产权高端业务上的专业实力。

华南公司拥有一支知识产权诉讼实力雄厚的精英队伍，由专利代理人和执业律师组成的知识产权诉讼团队创造了知识产权诉讼胜诉率高达 85% 的佳绩，有多个案例被选为知识产权诉讼领域的经典案例。

## 六、专利代理机构是提升知识产权意识和技能的宣传队

广东的专利代理机构深感在提高社会知识产权意识和技能方面责任重大，多年来为此持续投入宣传和培训力量。

华学公司每年面向企业组织数十场知识产权培训活动，年培训企业人员上千名，同时委派专利代理人参与或者主讲广州、佛山、中山、东莞、惠州等地举办的各类知识产权培训讲座，为各高校、科研院所、企事业单位提供知识产权系统培训，有效促进相关单位知识产权

意识和管理运营能力的提升。华学公司积极参与知识产权教育，借助与华南理工大学的历史渊源，建设华南理工大学知识产权学院大学生实践基地，在华南理工大学设立知识产权奖学金——“华学学术创新奖”，并扩展到中山大学、暨南大学、广东外语外贸大学、南方医科大学、广东海洋大学等近20所高校的在校本科生和研究生，成为广东省的一项知识产权教育品牌活动。

粤高公司与惠州大学合作创办理工类本科生的知识产权第二专业，承担专利实务授课任务，已连续5届为社会输送了大量的具有知识产权技能的理工类人才。该公司还与上市公司联合首创应用型专利管理工程师公益培训班，组成“大学教授+上市公司高管+粤高律师、专利代理人”的授课队伍，为企业和社会培养科技和知识产权实用型人才。

华进公司积极培育知识产权文化，通过软课题研究与成果出版、宣传活动、培训教育等形式向社会传递创新与知识产权保护的“好声音”。该公司先后参与“4·26中国知识产权保护高层论坛”、中国专利年会、广东知识产权交易博览会、中国汽车产业知识联盟年会等国家和地方行业会议并发声；先后完成多项广东省市各级知识产权培训任务；通过新媒体合作方式建设知识产权微课堂，在华进公司微信公众号及北京中关村知识产权促进局官网上提供十多种培训课程，受众辐射北上广深等主要城市的知识产权从业人员和科技工作者。

## 七、为推动广东专利代理行业蓬勃健康发展夯实基础

站在新的历史起点，广东专利代理事业发展既面临良好的机遇，也面临严峻的挑战。要准确把握经济社会发展对专利代理工作的新要求，准确把握知识产权强国建设赋予专利代理工作的新使命，准确把握目前专利代理事业发展的薄弱环节，努力推进专利代理工作不断取得新成绩。

一要以创新求突破，全力开拓事业发展。专利代理服务直接关系到专利申请数量和质量的协调增长，关系到知识产权事业的健康有序的发展目标的实现。

二要以诚信树品牌，积极营造良好氛围。诚信是专利代理行业发展的安身立命之本。专利代理机构要树立行业新风，规范执业行为，向专业化、规模化和规范化发展。

三要以实干促成效，不断提升服务水平。专利代理机构要不断优化服务品种结构，提升服务品质，拓展服务范围，提升行业核心竞争力和整体发展实力。

四要以人才创未来，大力加强队伍建设。专利代理机构要重视代理人继续教育，加快自身知识的更新和储备，多渠道集聚人才优势，增强综合能力和涉外能力。

促进广东知识产权事业发展，离不开专利代理行业的健康发展，离不开专利代理机构和专利代理人的辛勤奋斗和同心创造。祝广东专利代理事业不断开创新局面，祝全国专利代理行业再上新台阶！本文较多采用了有关专利代理机构的总结经验材料，在此表示衷心感谢！

# 回顾我国高校的专利代理故事及相关建议

陶鑫良

## 个人简历

陶鑫良，教授、博士生导师，律师、仲裁员，我国第一批专利代理人，从事知识产权教学、研究和法律服务三十多年。大连理工大学知识产权学院院长、上海大学知识产权学院名誉院长、温州知识产权学院院长等。兼任国家知识产权专家咨询委员会委员、中国知识产权研究会副理事长、中国知识产权法学研究会副会长、中国科学技术法学会副会长、中国高校知识产权研究会副理事长等。曾参加我国各部知识产权法与《合同法》等立法研究和《国家知识产权战略纲要》制定研究。曾被评为“全国知识产权先进工作者”“全国知识产权最有影响力的人物”和“钱伯斯 2015、2016、2017、2018 年度中国知识产权诉讼最杰出律师”等。

忆往昔峥嵘岁月稠，三十多年前我是从专利代理起步，一路走上知识产权之职业生涯的：“抚今追昔多少事，潮湧风卷到眼前，知识产权长征路，专利代理第一站。”恰好最近我连续参加了几次有关专利代理人的活动，更钩沉起当年有幸成为我国第一批专利代理人，与受命创办上海工业大学专利事务所，以及参加中国高校知识产权研究会等诸多往事，浮思联翩。

今年6月初在北京人民大会堂召开的“纪念《国家知识产权战略纲要》颁布实施十周年座谈会”上，幸遇诸多年过花甲甚至于岁逾古稀的知识产权老朋友、老领导、老同志。久别相聚，分外亲切，话今道昔，嘘寒问暖；都是知识产权过来人，重逢更忆峥嵘岁月稠。其间，最早主管专利代理工作之原中国专利局法务部老领导文希凯老师走过来对我说：“当年最早开始参与专利代理工作的老同志，至今还继续在知识产权第一线的已经不多啦。陶鑫良你就是其中的一个。”当晚在回上海的航班上仔细回味起文老师的这句话，不禁思潮汹涌。

弹指一挥间，从1984年末起步的那些专利代理及知识产权工作的春秋寒暑与朝夕晨暮，那些情怀那些人，那些岁月那些事，有如一幅幅画卷从眼前相继闪过。再如，8月底我在大连见证了中华全国专利代理人协会组织的一次“专利代理人宣誓仪式”并应邀即席发言，发言的题目就是“从三只眼睛看中国专利代理”，试图分别从我相继亲历的专利代理人、知识产权律师与大学知识产权教师的不同视角，来观察与评析我国专利代理事业的跨世纪发展历程。发言前我还特地从抽屉深处找出了中国专利局1985年颁发给我的编号是3100160的专利代理人资格证和1999年再次颁发给我的编号是GZ31205001的专利代理人执业证，随手还翻出了我1990年获“全国专利工作先进个人”的荣誉证书。又如，10月国庆长假期间，1985年我国第一批专利代理人之一且现在仍任上海某专利代理公司总经理的翟羽老兄，在上海静安寺嘉里中心做东宴请当年上海各大学多位专利代理的“老布尔什维克”，与会者有那时上海各高校专利事务所的“元老级”专利代理人十来人，如刁文魁、吴桂琴、丁振英、傅文园、董巧新等，年龄大多已是六七十岁，久别重逢后大家情不自禁地抚今思昔：专利代理垦荒人，岁月如云事繁星，往事历历记心头，老来叙旧无限情。在座者都是三十多年前上海高校的第一批专利代理人，都是那年由专利代理人工作起步，才走上了知识产权服务、教学、研究的岗位并且为之奋斗一直到退休的；退休后多数仍然在发挥余热为知识产权事业竭尽绵薄之力，善始善终。

## 一、个人回忆：从“理工男”转身成为专利代理人

我本“理工男”，第一个专业是“冶金工程”，学的也就是“钢铁是怎样炼成的”。记得是在 1979 年前后，后来相继担任上海市市长、中国工程院院长等而时任我们学校炼钢教研室副主任的徐匡迪老师，第一次向我传递了有关专利的信息。当时他刚访问日本归来，在教研室周会上给我们讲了一个专利的故事：一直被视为我国最重大科技成就之一的“十二万五千千瓦水轮发电机组”之主轴，当时都是在沪郊闵行的上海重型机器厂内我国第一台万吨水压机上锻打完成的。起初循“趁热打铁”的古训，将主轴在烘钢炉内加热发红后直接拉到万吨水压机下趁热锤打，但这往往会发生随主轴外表层高温迅速下降从而结成硬壳层，阻取再后的锤击力难以有效抵达主轴芯部，造成“外层硬壳，芯部疏松”的质量事故而报废。徐匡迪老师说到日本后获知一项相关专

利的公开信息，其主要技术方案就是一反“趁热打铁”传统，研析加热后主轴钢坯内外各层次之温度与锤击力传递效果的相互函数关系，从而根据主轴直径大小计算出其加热后在万吨水压机上开始锤打的最佳表面温度值；因而主轴加热后不先忙“趁热打铁”，而改革为“稍冷打铁”，即先冷却到计算出的表面最佳温度值后再锤打，保证此后各时间段的锤击力能够持续致密主轴各层直至芯部，从此保障质量再无报废。听了这个专利故事后，我当时深感兴趣的是这么高超的技术成果居然敢于公开？敢于公开的原因原来是有专利制度在保驾护航。以公开技术信息换得专利强势保护，专利制度好奇妙！这是当时我从一个“理工男”的视角，开始学习与接触专利及知识产权的序曲。记得应该是20世纪70年代末，我在本职仍然是一个“理工男”的背景下，与一些年青教师一起开始学习专利知识和专利文献等，也自发聚会组织过一些工业产权研讨活动。

但是，我从一个对专利饶有兴趣的“理工男”，正式转身为一名职业定位的“知产人”，发生在我国第一部《专利法》颁布后的1984年冬天。那之前我的理工专业兴趣已经较成功地转移到节能或曰能源利用技术方面，主攻红外加热、保温绝热与热管导热这三个节能专业方向。我两年内在五本主要专业刊物上发表了7篇论文，合著出版了《工业节能技术》一书，似锋头渐健，也兴趣正浓，曾以为我这一辈子将沉浸在能源利用技术领域，并乐在其中。然而，知识产权的时代召唤却彻底改变了我的人生航线和命运轨迹。1984 年 3 月 12 日我国第一部《专利法》正式通过后颁布，并于 1985 年 4 月 1 日正式施行。可以说，教育部是我国专利事业初期的最重要促进派，教育部当时硬性要求所有部属高校必须建立专利事务所，其他高校则联合建立专利事务所。上海当时的教育部部属五所大学即复旦大学、上海交通大学、同济大学、华东理工大学、华东师范大学一时间相继都成立了各自的专利事务所，上海市高等教育局同时成立了覆盖其余高校的“上海高校联合专利事务所”。

当时我工作的上海工业大学校长是著名科学家和教育家钱伟长先生。记得我突然被钱伟长校长召见，召见时在座的还有时任主管科研工作的方明伦副校长。短短的十几分钟内钱校长反复强调了专利对大学尤其是对理工科高校至关重要，不可缺少；同时明确指出：“为什么只有教育部大学才能自己办专利事务所？为什么其他大学包括理工科高校只能联合办专利事务所？我们上海工业大学就必须单独办专利事务所！”由于钱伟长校长的决策与坚持，相关主管部门 1984 年底就批准建立了“上海工业大学专利事务所”。钱伟长校长要求方明伦副校长兼任上海工业大学专利事务所所长，任命我与王正教授为副所长，因此我也被调至学校科研部门担任副处长主管成果与专利，并负责上海工业大学专利事务所。还记得上海工业大学专利事务所刚成立，钱伟长校长就让秘书通知我们：他要亲自讲一次专利；接到通知当下我的确也有些纳闷。但第二个星期钱校长就给我们十多个首批专利代理人与全校科研副主任、科研秘书等作了一次专利形势讲座，在当时背景下钱校长讲得真是好，虽然他没有直接谈《专利法》规范及其申请程序等，但是他将专利的作用、专利制度的基本功能、理工科高校为什么一定要重视专利工作、如何重视专利工作、教师在科研与教学中怎样联系专利等，娓娓道来，如数家珍。还记得1985年4月1日，我国《专利法》正式实施的第一天，带着8件专利申请文件，我们到上海湖南路211号（原）中国专利局上海分局排队提交；其中第一件就是钱伟长校长牵头发明的“汉字宏观字形编码方案（钱码）及其中文支持系统”，因（原）中国专利局还不批准“钱码”此类纯计算机软件专利申请，故加上了“及其中文支持系统”硬件后就成为软硬件组合技术方案的专利申请。

而我从一位“理工男”奉命转身成为一名“知产人”，在当时的确也有过激烈的思想斗争。主要是当时我在“节能技术”或谓“能源利用技术”领域也算是小有成就而前途正好，一下子要将其打入“沉没成本”实在有些于心不忍和于心不甘。但当时展望专利代理与专利管理工作也是心向往之，跃跃欲试；加上钱伟长校长与方明伦副校长的组织安排和人格感召，所以就在1984年底的“冬天来了，春天还会远吗”的日子里，我走上了上海工业大学及其专利事务所的专利管理与专利代理岗位，就此迈出了转身的第一步，从此由专利而延伸向知识产权，再由知识产权而延伸向相关法律，成为一名皈依终身的知识产权人并矢志不渝，终老余生。

从1984年末担任副处长主管成果与专利管理工作并兼任专利事务所副所长开始，我一直作为一名高校兼职专利代理人从事专利代理工作。这段时间内我一方面担当并拓展学校的专利管理工作；另一方面积极参与专利代理工作，包括参与撰写专利申请文件；再一方面开始为学校理工科教师和大学生们逐步开设了《专利法》《工业产权法》等知识产权选修课程。知识产权长征路，从此迈出一步步。三十多年来，我首先参与创立上海工业大学专利事务所，在专利管理与专利代理岗位上工作了第一个十年；自1994年起，接着参与创建与推进上海大学知识产权学院，又在知识产权教学、研究与法律服务方面工作了第二个十年，努力体验“教师的一半是律师，学者的一半是行者”。在第二个十年中的前期我继续参与专利代理人工作，直到后期高校专利事务所与高校完全脱钩并且高校教师不能再兼职专利代理人时为止。

如果说1983年前后我国《商标法》的颁布与施行似乎还只是我国知识产权时代来临的序曲，那么我国《专利法》1984年的颁布及其1985年的正式施行才是我国知识产权纪元的真正开端。天赐我缘，躬逢其盛，我应当属于跟上了这一历史性步伐的人群之一员，属于迎接着我国知识产权春天来临这一历史机遇的人群之一员。

## 二、高校回眸：我国专利代理第一波的急先锋与弄潮儿

回眸我国专利代理工作发展至今的三十多年，高等院校及其曾经建立的高校专利代理机构应当是我国专利代理第一波的急先锋与弄潮儿。在我国《专利法》颁布与施行的最初一段时间里，高等院校与科研机构也成为我国专利申请的主力军之一。据统计，在《专利法》施行后的前几年，我国高校的专利申请量在那时总数不大的全国专利申请量中，占比显著，居高不下。而那时期

的我国高校专利申请，几乎都是通过专利代理方式提交的。原因就是如前所述的，在我国第一部《专利法》实施前，教育部已经全面部署直属高校各自建立了专利事务所，地方高校与其他高校也普遍联合建立了专利事务所；因而全国高校尤其是一批重点大学内大量的原科技情报教师与理工科教师，像我一样转岗至专利事务所任职专利管理与专利代理工作。例如北京就有北京大学专利事务所的陈美章、周政、郑胜利等和清华大学的廖元秋、丁英烈、罗文群等大批第一代专利代理人。又如上海也有复旦大学的王福新、陆飞等与上海交通大学的罗翼群、王锡麟等，还有华东师范大学的俞允超、刁文魁等第一代专利代理人。

当时全国高校内已经普遍建立的专利代理机构及其全面到岗的数以千百的专利代理人，以及全国高校内已经迅速建立且号令统一的专利管理与专利代理合一体制及其运行机制，保障了我国高校从《专利法》施行一开始就实现的几乎百分百的专利申请代理化。同样由此，上海工业大学的专利管理与专利代理也就成为我的第一个知识产权从业岗位。可以说，在我国专利制度推行初期，当时建立的全国高校内设专利代理机构及其第一代专利代理人披荆斩棘，开疆拓土，为我国的专利事业立下了卓越功勋和汗马功劳。20 世纪 80 年代末，我在复旦大学管理学院师从郑绍濂院长攻读管理硕士研究生。郑绍濂教授曾任（原）国家教育委员会科技司司长。后来听他闲谈时聊起，（原）国家教育委员会还曾经从其直属重点大学内先期选送了30人到国外进修专利业务，其中包括北京大学郑胜利、西安交通大学严力、电子科技大学王崇明等中青年才俊。

在我国《专利法》颁行前，（原）国家教育委员会自1982年就开始推动培养高校专利人才的工作，曾先后举办了9期专利人才培训班，为我国高校先期培养了数以千计的我国最早的一批专利人才。同期，我国其他部委所属高校和各地方高校也同步培养了上千名专利代理人和专利管理人员。1984年前后，（原）国家教育委员会部署其直属的几十所高校全面建立了各自的专利事务所，各部属高校与地方高校也纷纷联合或者单独建立了本校的专利事务所；而进入各校专利机构中工作的专利代理人和专利管理人员，大多是由各大学原理工科教师与研究人员以及原科技情报教师等经过短期专利法培训后转岗的，我国高校内第一支知识产权专门队伍由此产生。刚开始这支队伍主要担当我国各高校的专利代理与管理工作，但也逐渐涉足知识产权教学主要是兼职教学，其教学内容主要是“专利法”等课程。记得1985年以这批高校专利工作者为主体，在华中科技大学（时名“华中工学院”）发起成立了我国最早的知识产权学术团体“中国高校知识产权研究会”，其比中国知识产权研究会（曾用名“中国工业产权研究会”）、中国知识产权法学研究会与中国科学技术法学会等涉知识产权学术团体的成立都要早。在中华全国专利代理人协会成立之后的不久，我国高校内又相应成立了“中国高校专利代理人协会”的分支，譬如现在江苏最大专利服务机构之一的老总娄高潮先生那时就是该协会的核心人物之一。中国高校知识产权研究会及中国高校专利代理人协会每年定期或者单独或者联合召开年会，可以说是同期我国活动量最多、凝聚力最强的知识产权学术团体。我国高校的专利工作者在从事专利管理和专利代理工作的同时，还同步开始面向理工科大学生开设知识产权类选修课程，大多是专利法、工业产权法等知识产权单门课程，课程的教材也大多由他们自己编写。当时，各高校的法学教师和其他教学研究人员还未能批量参与知识产权教学活动。这种状况一直延续到20世纪八九十年代中国人民大学、北京大学、华中科技大学等高校开始招收法学（知识产权）第二学士学位与其他知识产权人才培养模式时。

在20世纪八九十年代我国《专利法》颁行后的较长时期内，我国高校内设专利代理机构都是我国专利代理的生力军，我国高校从业专利代理人都是我国专利代理的弄潮儿。这种状况直至世纪之交我国要求高校专利代理机构及其专利代理人必须与高校“脱钩”才告一段落。当时政策要求各高校专利代理机构必须与学校完全脱钩，高校内的专利代理人以后不能兼职专利代理人，要求高校专利代理人或者“离校不离岗”，或者“离岗不离校”，两者必选其一。我选择了“离岗不离校”，留在上海大学知识产权学院继续从事知识产权教学、研究工作并继续兼职律师工作，但不得已忍痛割爱放弃了专利代理人执业证。记得当时除西北工业大学、西安电子科技大学、南京理工大学等涉及国防专利的相关高校保留涉军工的专利代理机构及其专利代理人执业外，其他所有高校的专利代理机构全部与母校脱钩，相关继续执业的专利代理人全部从所在高校辞职，因而使得一批早期高校知识产权人才由大学流向了社会。譬如原清华大学专利事务所正副所长廖元秋、丁英烈、罗文群三位资深专利代理人就此全部离开了清华大学，时任上海交通大学专利事务所所长、上海市专利代理人协会会长王锡麟也从学校辞职走向社会。

## 三、郑重建议：恢复或建立高校内兼职专利代理人制度

遵循上述世纪之交延续至今的高校专利代理机构及其专利代理人与母校全面“脱钩”的既往政策，我国高校内从事专利教学、研究的知识产权教师与研究工作者和从事专利运营、管理的知识产权工作者，即使具有理工科专业学历背景，通过全国专利代理人资格考试，但还是不能兼职专利代理人。所以，在我国高校内部，多年来只有法学教师或研究人员兼职律师，但没有知识产权教师或研究人员兼职专利代理人。换言之，包括在高校内，我国没有兼职的专利代理人。我觉得这一历史遗留政策应当与时俱进，锐意变革。为什么高校相关教师或研究工作者，能够兼职律师却不能兼职专利代理人呢？借鉴高校内从事法学教学或研究的教师及其他人员多年来一直可以兼职律师的成熟模式，应当允许与鼓励高校内具有理工专业本科学历背景的从事专利教学、研究、运营、管理的知识产权工作者同样可以兼职专利代理人。这样既可以提升我国知识产权人才培养师资的综合水准及实务素质，也有利于我国专利代理人应用素质与实践能力的教学培养。前不久在大连举行的“专利代

理人宣誓仪式”上，我发言时郑重向在座的中华全国专利代理人协会杨梧会长与徐媛媛秘书长等领导建议，尽快允许符合条件的高校专利工作者兼职专利代理人。2018年9月6日，国务院第23次常务会议修订通过了《专利代理条例》，其中的变化包括已经叫了三十多年的“专利代理人”即将改称“专利代理师”。期待我国专利代理之管理制度能够进一步与时俱进，兼收并蓄，增加或者恢复“专利代理师”的兼职制度。同质统考，容许兼职，对具有理工学历本科背景的在高校内从事知识产权教学、研究、运营、管理的知识产权工作者，给予报考专利代理师的资格，经考核合格者授予专利代理师执业资格并允许依法兼职专利代理师，借以有效推动我国高校知识产权人才培养和有力促进我国专利工作全面提升，也进一步增强我国专利代理师的队伍建设。

# 专利代理行业蓬勃发展

宋柳平

## 个人简历

宋柳平，1983年入读国防科技大学，先后获得电子学与通信专业学士、硕士、博士学位，1994～1996年在北京理工大学从事电子学与通信专业博士后研究工作。1996年加入华为公司，先后从事产品战略规划、对外合作、知识产权、标准、信息安全和法务等业务的管理工作。20年来，领导完成了70000余项全球专利申请。

宋柳平先生深度参与华为公司级重大项目和知识产权的谈判与合作，先后主持或参与了华为公司与诺基亚、爱立信、高通、摩托罗拉、北电网络、西门子等公司的合作项目以及华为公司与艾默生、3COM的产权并购和合资项目；参与和主持了华为与思科、沪科和摩托罗拉等诉讼案件。担任国家知识产权战略咨询委员会专家、上海市人民政府和广东省人民政府知识产权咨询委员会专家，中国专利保护协会副会长、中国知识产权研究会副会长、深圳市专利协会会长等。先后三次入选英国《知识产权管理》杂志的《全球知识产权界50位最具影响人物》名录；2010年被评选为“首届中国知识产权保护十大最具影响力人物”。

很多企业在激烈的国内外市场竞争过程中，越来越深刻地体会到知识产权对企业发展的重要性。在科技创新成果转化为知识产权进而提高企业竞争力的过程中，创新主体对专利代理机构的需求越来越迫切。近年来，我国专利代理行业蓬勃发展，专利代理机构的数量快速增长。截至2017年底，专利代理机构已达1824家，仅2017年一年就新增313家；执业专利代理人队伍呈持续快速增长态势，截至2017年底，总计3.72万人获得了专利代理人资格。

华为作为一家以自主研发为主的创新主体，非常注重知识产权保护，积极将技术研发成果通过申请专利的方式及时获得法律保护。华为年均专利申请量较大，绝大多数的专利申请委托专利代理机构代理，与专利代理机构有20来年的合作经验，切身体会到国内专利代理行业在快速发展的同时，也越来越规范，越来越专业，越来越多的专利代理机构关注服务质量。

早些年，华为主要与国内大型专利代理机构合作，但大型专利代理机构重点投入在涉外业务，在国内专利新申请业务方面投入相对比较有限，满足不了国内专利新申请业务的实际需要。于是华为尝试与当时属于中、小型规模的专利代理机构合作。这样的专利代理机构很重视华为的专利申请业务，并且在业务管理上更加细致、灵活，使得双方在业务上的交流互动非常紧密，华为向他们介绍需要什么样的代理服务，如华为迫切需要电子通信领域的高质量国内新申请撰写服务，及延伸出来的其他专利代理业务，愿意提供机会让他们尝试来给华为提供这样的代理服务，并且及时给予反馈意见促使他们提高代理服务质量。中、小型专利代理机构大力投入资源，非常有针对性地为华为提供专利代理服务，并且还广泛去招聘与培养可以更好提供业务服务需要的优秀人才，精心打造和管理华为业务代理团队。

近年来，也有一些具有前瞻性战略眼光的大型专利代理机构，加大面向国内企业的新申请撰写代理服务投入，依托其深厚的代理能力积累与优秀人才储备，致力于提供高质量的代理服务，新申请撰写质量提升非常快，很快获得国内企业的青睐。

华为与始终坚持以质量为中心、提供高质量撰写代理服务的专利代理机构保持着长期的合作。也有代理机构曾经因无法提供令华为满意的服务，暂停一段时间进行内部调整，在重新满足华为的业务质量要求后，又恢复合作，并且双方合作得更加深入、紧密。

与华为保持多年合作的代理机构，根据华为越来越丰富的专利业务需要，不断进行自我调整与发展壮大，在代理规模、服务能力和业务范围等各方面，均有非常大的提升，尤其是在高质量新申请撰写代理服务方面形成了独特的优势。

## 一、优质代理资源仍紧缺

尽管代理行业总体保持蓬勃发展态势，但目前国内专注于撰写新专利申请文件的优秀专利代理人仍非常紧缺。华为重视专利申请质量，想寻找优秀的专利代理人来撰写高质量的专利申请文件，仍然是非常艰难。

华为认为从事新申请高质量撰写工作，对专利代理人技术理解力、撰写能力、学习能力、沟通能力等各方面的要求都很高，另外还要求专利代理人具有务实的工作态度和精益求精的工匠精神，每撰写一篇专利申请文件时，深入理解发明创造技术方案、精心设计撰写架构、字斟句酌进行措辞，都需要专利代理人愿意在案件撰写上花费大量的时间和精力。

为此，华为花了很大气力，不仅精挑细选合作的代理机构，还用心培养合作专利代理人，并显著提高专利代理人代理费收入。华为在合作代理机构和专利代理人管理方面费了不少心思，除了对代理机构例行绩效考核分级管理外，还对合作专利代理人进行分级管理；工作能力越突出、撰写的专利申请文件质量越高，专利代理人的级别就越高，其代理费也越高。华为还督促要求代理机构切实提高高级别优秀专利代理人的收入，以实现关注撰写高质量新申请的优秀专利代理人获得与其能力和投入相匹配的高收入牵引目标。此外，华为每年还会定期对合作专利代理人进行培训，并分技术领域有针对性地培养专利代理人；华为内部制定多样管理规定，通过各种办法来帮助提高专利代理人撰写华为专利申请案件的质量与效率。

华为通过这些有针对性的管理方案与措施，吸引了不少优秀专利代理人为华为提供新申请撰写代理服务，但对于华为专利申请业务实际发展所需要的体量来说，仍是捉襟见肘的。而且目前国内专利代理行业现状是，专利代理人经过几年的锻炼和成长，成为业务精湛的优秀专利代理人后，很难再持续专注于高质量新申请撰写业务，一些成熟的优秀专利代理人因而流失。

## 二、共同努力提供高质量的专利代理服务

随着国家知识产权战略的不断深入，全社会创造、运用、保护和管理知识产权的水平不断提升，专利申请量持续增长，企业对能提供高质量代理服务的专利代理机构的需求越来越迫切。

高质量专利的诞生，需要具有工匠精神的优秀专利代理人；而优秀专利代理人的诞生，离不开重视质量的代理机构的培养。培养优秀专利代理人，需要代理机构以质量为中心、以人为本，不以逐利为目的，要有长远考虑的战略眼光，敢于投入更多的资源去培养和牵引有潜力的好苗子投入到撰写新申请的代理工作中，鼓励专利代理人潜心精进业务，设法从收入激励、精神激励等各方面留住优秀人才，用心打造并留住优秀专利代理人团队。

对于企业来说，需要注重申请有价值的高质量专利，提高代理服务质量要求和代理费用，同时需要加强合作代理资源管理，以牵引更多优秀人才愿意加入专利代理行业，牵引专利代理机构愿意加大投入来持续提供高质量服务，以期企业与专利代理机构一起共同促进我国专利代理事业更深远的健康蓬勃发展。

# 专利代理人：中国专利审判的重要参与者

## ——写在中华全国专利代理人协会成立三十周年之际

宋　健

## 个人简历

宋健，江苏省高级人民法院审判委员会委员、副巡视员、二级高级法官。2004 年开始从事知识产权审判工作。2008～2016 年担任江苏省高级人民法院知识产权庭庭长，2012 年入选首批“全国知识产权领军人才”，2014 年被最高人民法院评为“全国审判业务专家”，2015 年 3 月和 2018 年 4 月两次被聘为最高人民法院知识产权司法保护研究中心研究员。主审的天津天隆种业科技有限公司诉江苏徐农种业科技有限公司侵犯植物新品种权纠纷案入选 2014 年中国法院知识产权司法保护十大创新性案件，2017 年 3 月 9 日被最高人民法院公布为指导性案例 86 号。

今年是我国改革开放四十周年，也是我国专利制度建立四十周年。伴随专利制度的起步、发展和壮大，中国专利代理行业也走过了三十多年的历程。据悉，“截至2017年底，全国获得专利代理人资格证人数达到37200人，执业专利代理人为16367人，专利代理机构达到1824家。专利代理行业呈现出规模逐渐壮大、服务能力不断提升、服务范围不断拓展、运行体系更趋健全的良好发展态势”。[1] 值此中华全国专利代理人协会成立三十周年之际，我觉得作为一名地方高级法院的知识产权法官，从知识产权司法的视角，观察并总结专利代理制度在我国专利侵权案件审判中所发挥的重要作用，是一件很有意义的事情。

---

[1] 国家知识产权局. 专利代理行业发展状况2017年［EB/OL］.（2018－04－27）［2018－11－03］. https：//mp. weixin. qq. com/s? _biz = MzA4NDAzMjcyOA = = &mid = 2686675393&idx = 3&sn = 8addc716b4190617b1c21daea441eecc&chksm = ba3aa4768d4d2d600dd84835cf4ea81487e6da4874e6e3527c0c09d11bcc8e7a8fb967689c4d&mpshare = 1&scene = 1&srcid = 1103SCJ4t1gOQ3gLgaiKi8Mv#rd.

## 一、我国专利案件审判格局的发展历程

我国专利制度起步于20世纪70年代末、80年代初。围绕着中国究竟是否需要建立专利制度的激烈争论，我国《专利法》历经波折终于在1984年3月12日颁布并于1985年4月1日起施行。之后，《专利法》又历经1992年、2000年和2008年3次修订，现正在启动第四次修订。伴随着我国专利制度的建立与发展，至今我国法院专利案件审判格局已历经3次重大调整：①1980年代初期至1990年代初中期。随着《商标法》《专利法》和《著作权法》的陆续颁布，法院受理的各类知识产权案件，区分案件类型，其中著作权案件在民事审判庭审理，专利等工业产权案件在经济审判庭审理。②1990年代中期至2000年代的初期。在最高人民法院及各地人民法院普遍成立专门知识产权庭后，所有知识产权案件均归由知识产权审判庭集中审理。③近年专利等技术类知识产权案件专门审判体系建立。首先是“3+18”审判格局的形成。2014年底，北京、上海、广州相继成立知识产权法院；截止到2018年11月底，南京、苏州、深圳、杭州、宁波、济南、青岛、合肥、武汉、福州、成都、长沙、郑州、西安、天津、南昌、

长春、兰州18个知识产权法庭成立，集中管辖专利、商业秘密、计算机软件、集成电路布图设计、植物新品种等技术类案件。以上知识产权法院和知识产权法庭的管辖区域，已基本涵盖了中国经济发展最重要的地区。可以预计，随着各地创新经济发展需求的不断提升，可能会有更多地区的省会中级人民法院陆续成立专门知识产权法庭，"3+n"审判格局将进一步扩张。其次是国家知识产权法庭的成立。2018年10月26日，第十三届全国人大常委会第六次会议审议通过《关于专利等知识产权案件诉讼程序若干问题的决定》，规定当事人对发明专利、实用新型专利、植物新品种、集成电路布图设计、技术秘密、计算机软件、垄断等专业技术性较强的知识产权民事和行政案件第一审判决、裁定不服提起上诉的，由最高人民法院审理。据此，最高人民法院将在北京设立最高人民法院知识产权法庭，统一审理全国范围内有关专利等的上诉案件。据悉，最高人民法院正在积极协调有关部门，全力推进最高人民法院知识产权法庭组建工作，制定了细化方案，明确了时间表和任务书，建立了工作台账，力争在2018年底前挂牌办公。值得一提的是，我国法院的专利案件审判体系，早期主要由省会城市中级人民法院知识产权庭跨区域集中管辖；2000年后专利案件管辖权逐渐放开，发达地区很多中级人民法院及少量基层人民法院亦获得了专利案件管辖权；2014 年后专利案件又呈现跨区域集中管辖格局，形成专利等技术案件和普通案件的不同上诉审理机制，但这并非专利案件管辖格局的简单回归，而是体现了我国知识产权法院体系建设取得的重大进展。

近年来，全国法院在保护专利权、降低维权成本、提高侵权成本等方面取得了积极进展。据统计，2013～2017 年，中国法院受理一审专利案件总量 63769 件，其中一审民事案件分别为 9195 件、9648 件、11607 件、12357 件和 16010 件，合计 58817 件；一审专利行政案件分别为 697 件、539 件、1721 件、1123 件、872 件，合计 4952 件。虽然从总量上看，相较于我国日益增加的专利申请量和授权量，法院受理案件的绝对量很小，但法院的专利审判工作在发挥司法保护知识产权的主导作用、统一执法裁判标准方面意义重大、影响深远。

## 二、专利代理人在专利诉讼中的作用日益突出

笔者系于 2004 年调至江苏省高级人民法院知识产权庭，专司知识产权案件裁判。众所周知，江苏是科教文化大省、工业大省、外向型经济大省和农业大省。自 2008 年《国家知识产权战略纲要》实施以来，江苏紧

跟国家知识产权战略部署，大力推行江苏知识产权战略，积极推动江苏经济转型发展。长期以来，江苏法院系统一直高度重视专利等技术类案件的裁判，审理了许多有影响力的典型案件。例如，苏州龙宝生物工程实业公司请求确认不侵犯专利权纠纷案、袁某某诉扬中市通发实业有限公司等专利侵权恶意诉讼案等均是全国首例案件。2010 年江苏省南京市中级人民法院判决了全国首例集成电路布图设计纠纷案，即华润矽威科技（上海）有限公司诉南京源之峰科技有限公司侵犯集成电路布图设计专有权纠纷案。江苏省高级人民法院审结的苏州工业园区新海宜电信发展股份有限公司诉南京普天通信股份有限公司、苏州工业园区华发科技有限公司侵犯专利权纠纷案，刊登于《最高人民法院公报》2010 年第 10 期；申请再审人爱蓝天高新技术材料（大连）有限公司与被申请人湖南科力远新能源有限公司、原审被告湖南凯丰新能源有限公司侵犯发明专利权纠纷案，入选“2013 年中国法院十大知识产权案件”。

此外，江苏作为农业大省，杂交水稻植物新品种培育在全国有重要影响，江苏法院还审理了一些有重要影响的植物新品种权纠纷案件。江苏省高级人民法院 2008 年审结的江苏里下河地区农业科学研究所诉宝应县天补农资经营有限公司侵犯植物新品种权纠纷案，被《最高人民法院公报》2010年第2期刊用；天津天隆种业科技有限公司与江苏徐农种业科技有限公司侵害植物新品种权纠纷案，入选2014年中国法院知识产权司法保护十大创新性案件，并于2017年3月9日被最高人民法院公布为指导案例86号等。以上典型案件的裁判过程，一方面，体现出法官高度重视前沿尖端和新类型、疑难复杂案件的审判，积极探索裁判规则，以精品意识力争作出能够体现我国司法水平的引领性裁判；另一方面，典型案例的裁判，也与专利代理人和诉讼律师积极参与诉讼，就技术事实查明和法律适用提供精准专业的代理意见密切相关。两者是相辅相成的关系。

以笔者近十多年来的审判经历来看，我国专利代理人队伍日益发展壮大，已经由初创阶段走向了成熟。具体表现为以下几个方面。

（1）专利侵权案件普遍有专利代理人参与诉讼。早期，专利诉讼中缺乏专业人才参与的现象很普遍，尤其是当事人聘请缺乏专利法知识的普通律师代理专利案件时，不仅庭审过程十分艰涩，而且多数情况下法官还需承担起当庭普及并解释专利法的重任。2013年《民事诉讼法》对公民代理进行严格限定后，在最高人民法院的支持下，中华全国专利代理人协会设置诉讼代理人名册制度，极大满足了日益增长的专利诉讼代理需求。据悉，中华全国专利代理人协会推荐的2017年第二期诉讼代理人名单数据显示，2017年中华全国专利代理人协会共推荐了2242名专利诉讼代理人。尽管目前缺乏专利代理人实际参与专利案件诉讼的具体数据，但从经验上看，因专利案件具有专业性强的特点，绝大多数案件都有专利代理人或专利诉讼律师参与诉讼的身影。这说明，专利代理人诉讼名册制度完全符合现阶段我国专利代理制度发展的阶段性要求，符合我国专利诉讼实际。经验表明，推动专利案件普遍由专利代理人或专利诉讼律师代理，对于提高我国专利案件审判水平具有重要促进作用。

（2）江苏本地专利代理机构诉讼业务明显增加。尽管江苏经济科技发展水平一直处于国内前列，但江苏地区的专利诉讼代理业务曾在相当时期内发展缓慢。具体表现是，江苏地区一些重大专利案件的诉讼代理人基本来自北京、上海、广东等地区。然而，近年来这一状况正在得到改善。据悉，北京、广东、江苏和上海四省市的专利代理机构超过100家，其中，北京专利代理机构数量居全国之首，共500家，占全国专利代理机构总数的27.41%；广东位列第二，共277家，占全国专利代理机构总数的15.19%；江苏和上海分别以140家、127家位列第三、第四，分别占全国专利代理机构总数的

7.68%和6.96%。2017年，全国新设专利代理机构324家，其中广东、北京、江苏分别以新设64家、57家、38家位列前三。由此可见，江苏本地专利代理机构正在不断发展壮大，知名度亦在不断提升，未来能够与北京、广东、上海等地专利诉讼代理机构形成一定竞争。而从笔者审理的专利案件来看，越来越多江苏本地专利代理机构参与重大诉讼，且诉讼能力和水平均有明显提升。这一方面得益于我国高校专利人才培养提速，另一方面得益于江苏作为高等教育大省，理工科学生转向专利法学习具有充裕的人才资源，当然还与江苏本地专利代理机构的不懈努力密切相关。江苏本地专利代理机构的发展壮大，体现了在战略实施中大力培育知识产权中介机构的政策目标，对于促进区域知识产权战略实施，促进具有核心竞争力的专利创造、运用和保护，具有极其重要的意义。而从某个侧面看，这也是区域知识产权核心竞争力的重要指标之一。

（3）优秀专利代理人才辈出。《专利法》实施30多年来，不仅极大地提升了我国科学技术发展水平，推动了相关行业、产业规模的发展，也极大促进了各类精通专利法、熟知中外专利制度的专利申请、审查及保护人才的成长。"'学知识产权、懂知识产权'成为重要技能，大批高校、科研院所纷纷设立知识产权专业、培养知识产权人才，以专利为主体的知识产权教研机构、代理机构、运营机构、诉讼机构及专家人才如雨后春笋般诞生。据悉，2017 年，全国知识产权服务机构达到 3.5 万家；开设知识产权专业的高校累计 71 家、成立知识产权学院（系）的高校累计 32 家。”❶ 除国内高校培养的专业人才外，还涌现出大量接受国外教育的专业人才。值得一提的是，在许多疑难复杂专利案件特别涉及跨国公司的专利诉讼中，不乏高端人才的精彩表现。这些优秀人才既熟知专业技术知识，又精通专利法知识，不仅诉讼表现专业，而且工作态度敬业，极大提升了我国专利代理人队伍的整体水平，是我国专利代理人队伍发展可以预见的未来。笔者以为，对于法院审理的许多专利典型案件而言，优秀专利代理人或专利律师的专业贡献不可或缺，他们出色的专业表现，犹如拳击场上旗鼓相当的竞技对手，不仅刺激对方超常发挥，也给裁判者的裁判过程及结果提供了重要助力。

以江苏省高级人民法院于 2018 年 7 月 14 日审结的“莱顿专利侵权案”❷ 为例。该案基本案情是：莱顿苏州

---

❶ 韩秀成. 沧桑巨变：知识产权与改革开放四十年 [J]. 知识产权，2018 (9)：18－29.

❷ 具体指莱顿汽车部件（苏州）有限公司诉盖茨优霓塔传动系统（上海）有限公司、奇瑞汽车股份有限公司等侵害发明专利权纠纷。一审裁判文书参见江苏省苏州市中级人民法院（2012）苏中知民初字第 0106 号民事判决书；二审裁判文书参见江苏省高级人民法院（2015）苏知民终字第 00172 号民事判决书。

公司系一项名称为“具有非圆形驱动部件的同步传动装置及其运转和构造方法”（专利号为 ZL02823458.8）的中国发明专利的被许可人，且得到涉案专利的专利权人利滕斯汽车公司（Litens Automotive Group，系加拿大公司）的授权，有权针对侵害涉案专利权的行为以其自身名义提起诉讼并获得赔偿。莱顿苏州公司指控盖茨上海公司和奇瑞汽车公司未经许可，在生产、销售的发动机产品中，以生产经营为目的，共同实施了涉案专利技术，构成专利侵权。一审法院认为，由于被诉侵权产品缺少涉案专利权利要求的技术特征，因此不落入涉案专利权的保护范围，据此判决驳回莱顿苏州公司的诉讼请求。莱顿苏州公司不服提起上诉。二审法院认为，涉案专利争议技术特征并非功能性特征，专利权利要求的保护范围不受专利说明书及其实施例的限制，改判撤销一审判决，由盖茨上海公司、奇瑞汽车公司连带赔偿莱顿苏州公司经济损失 9094953.7 元，为制止侵权所支出的合理费用 1549080 元，共计 10644033.7 元。

该案是江苏省高级人民法院自 1995 年成立知识产权庭以来，审理难度最大、赔偿数额最高的一起专利侵权案。案件审理中几乎涉及专利侵权判定的所有问题，诸如复杂技术事实的认定、权利要求的解释、侵权比对、现有技术抗辩、被诉侵权技术方案系被告自行研发能否成为不侵权抗辩事由、共同侵权行为的认定、高额赔偿的计算确定等。由于该案技术事实甚为复杂，一审法院先后委托2家技术鉴定机构对涉案技术问题进行鉴定，均被以无法鉴定为由退回。二审中，考虑到莱顿苏州公司已经就被诉侵权产品进行了相关测试和实验，具备了进行侵权比对的基础；该案并非必须另行借助科学实验手段验证相关事实，双方当事人争议的技术问题主要与权利要求解释以及原告所进行的相关测试和实验的科学性相关，而这些问题借助于技术专家的专业知识和经验即可解决，故在受理案件之初，合议庭即根据《民事诉讼法》第79条的规定，在庭前程序中明确要求双方当事人提供专家辅助人参与诉讼，就涉案技术的专门性问题向法庭作出说明。同时，法庭也指定了专家辅助人出庭，协助法庭进行技术事实调查。二审中，该案共有三方9位中外专家辅助人出庭参与技术事实论证，所有专家辅助人及其论证意见均载入了二审判决书。正是在此基础上，结合各方专家的出庭意见及其他相关证据，二审作出了明确的技术事实认定，并针对涉案所有问题进行详细探讨，最终形成了6.8万余字、内附11张技术附图的二审判决书。

在此要特别提及的是，虽然对该案法院最终要裁决输赢，但在如此复杂案件的审理过程中，各方当事人聘请的专利代理人及诉讼律师的专业表现及工作精神，均给合议庭留下了深刻印象。该案中，就全额支持原告方赔偿请求律师费一节，二审判决书作出如下阐述：“关于莱顿苏州公司为本案所支出的律师费用是否过高，本院认为，本案系专利侵权诉讼，对从事此类诉讼的代理人及诉讼团队的专业方向具有特殊的要求。并且，本案涉及的技术问题和法律适用问题非常复杂，属于专利侵权诉讼案件中的疑难复杂案件，代理难度和工作量较大。一、二审法院为查明本案事实，听取各方诉辩意见，共组织双方质证、谈话以及开庭审理等诉讼活动共计 27 次，形成各类笔录 479 页。此外，莱顿苏州公司和盖茨上海公司双方委托诉讼代理人在一、二审诉讼中各自提交了数千页的证据材料、书面质证意见和代理意见，一审诉讼中的有效案件材料装订成册达 21 册。因此，依据莱顿苏州公司提交的代理合同、转账凭证，并综合案件性质、难度、代理工作量等因素，本院认定莱顿苏州公司主张的 150 万元律师费属于合理支出，予以全额支持。”

## 三、加强专利代理制度建设的一点建议

如前所述，我国专利代理制度经过三十年的发展取

得了重大进展，已经成为我国知识产权战略特别是专利战略实施的重要助力。笔者注意到，2018 年 9 月 6 日国务院第 23 次常务会议修订通过了《专利代理条例》，其中重要修改包括将“专利代理人”称谓变更为“专利代理师”，并从专利代理资格证的获得、专利代理执业证的颁发等方面予以了全面规定。同时，为吸引更多优秀人才加入专利代理行业，此次修订对报名参加专利代理人资格考试人员的条件进行了修改，取消了“从事过两年以上的科学技术工作或者法律工作”的条件，将“高等院校理工科专业毕业”修改为“具有高等院校理工科专业本科以上学历”。据悉，近年来，随着创新驱动发展战略实施和知识产权强国建设的深入，科技创新不断加强，知识产权事业发展迅速，吸引了越来越多的优秀人才报名参加专利代理人资格考试。继 2016 年报名人数首次突破 3 万人，2017 年报名人数持续增长，达到 32722 人，增长率为 5.73%。专利代理人资格考试通过人数逐年提高。2012 年开始，通过人数增长迅速。2017 年，考试通过人数达到 5094 人。以上均是近年来我国专利代理制度发展的亮丽成绩单，也符合我国推动专利战略实施亟须快速发展的客观实际，这必将为我国未来技术进步和科技发展奠定重要基础。

百尺竿头更进一步。当前，在我国专利代理制度发展过程中，在专利代理人数量大发展的同时，高度重视人才培养质量、培养周期以及成才规律，有关部门应当予以高度关注。笔者于 2018 年访问德国，了解到在德国成为专利律师的途径：一是在专利事务所工作 2 年后，需再在德国专利商标局或德国专利法院工作 3 年；二是有 7 年（原为 10 年）工业界专业工作经历，通过专利律师考试取得专利律师资格。由此可见，德国专利律师的培养过程非常重视专利审查及专利诉讼实务经验的学习，以及在工业界的从业年限与经历，如此才能培养出真正高质量的专利人才。有鉴于此，笔者认为，中国专利代理人培养机制应当通过机制创新，设法更多借力于专利行政与司法审判所积累的成功经验。一般而言，专利代理人培训与考试机制，只能解决书本知识，缺乏足够有效经验的学习和积累，而由各专利代理机构自行培养人才具有一定的局限性。德国的经验之长在于，要求专利律师除在专利事务所工作 2 年，还要在德国专利商标局或德国专利法院工作 3 年，充分吸收专利授权确权程序的实际工作经验。同时，对专利律师要求或者工业界的实务工作经历，也有助于专业人才对技术发明的实际理解与深层挖掘，从而切实提高专利权利要求书和说明书的撰写质量。德国机制下培养的人才基础扎实，虽然从形式上看似乎培养周期较长，但真正从成长角度看，实际能够缩短高质量人才的成才周期。我国每年专利行政和专利诉讼都有大量案件产生，虽然其中一些宝贵的审查和审理经验被整理成各种报告发表或者编辑出版，但这仍然属于纸面上的经验。如何将这些宝贵的审查和审理经验，有效传递给专利代理人或专利诉讼律师，应当成为中华全国专利代理人协会未来工作中需要予以考虑及其创新机制的内容。

随着新一轮全球科技革命和产业变革的蓬勃兴起，科技创新正进入空前的密集活跃期，如云计算、人工智能技术的发展，都提出知识产权保护的新问题。面对中国知识产权事业正在迎来的新的发展机遇，在未来十年、二十年、三十年间，积极推动中国专利代理制度建设取得更加实质性进展，特别是培养出更多具有国际国内视野的高质量专利代理人才，是社会各界对中华全国专利代理人协会工作的殷切期待！

# 砥砺前行，向专利代理事业的新征程迈进

戈　泊

## 个人简历

戈泊，中共党员（1949年1月10日入党）。

曾在昆明国立西南联大附中、清华大学、苏联国立莫斯科经济统计信息大学研究生部学习，获经济学副博士学位。

曾任中国人民大学原计划统计系讲师、教研室副主任、主任、副教授、副系主任、党总支副书记，中共北京市委教育工作部处长、副部长，联合国世界知识产权组织高级顾问，原中国专利局副局长、党组成员，中华全国专利代理人协会副会长、会长，国际知识产权律师联合会中国分会会长、名誉会长，香港永新专利商标代理有限公司董事总经理，北京纪凯知识产权代理有限公司及北京戈程知识产权代理有限公司高级合伙人。

中华全国专利代理人协会（以下简称“协会”）已经走过了三十年光辉的历程，我有幸成为协会创建和茁壮成长的参与人和见证人之一，感到十分荣幸。回想我参加原中国专利局第二届领导班子并担任副局长时，曾分管法律部，法律部又分管专利代理业务。1985 年 9 月，为配合《专利法》的实施和培训急需的专利代理人，国务院批准了《专利代理暂行规定》，建立了专利代理人考核委员会。局党组决定由我担任首届主任委员，并于 1988 年 4 月举行了由全国性专利代理机构专职人员参加的专利代理人资格考试，确认了 200 余人的代理资格。这是我国的第一批专利代理人。同一年，经过业界的酝酿准备，经原中国专利局、原国家科学技术委员会同意，报民政部批准，中华全国专利代理人协会成立大会于 12 月 12 日在安徽合肥召开，原国家科委常务副主任、原中国专利局局长蒋民宽，原中国专利局副局长高卢麟和我参加了会议。会议选举柳谷书担任第一届会长，我在第一、第二、第三届代表大会上当选为副会长，在第四届代表大会上当选为会长，之后一直被选为协会的顾问。2006 年 4 月，经原中国专利局批准，国际知识产权律师联合会中国分会（FICPI CHINA）建立，挂靠在中华全国专利代理人协会之下。这实际上是协会进行国际活动的一个平台。我从 2006 年至 2012 年连续当选为两届国际知识产权律师联合会中国分会的会长，之后又当选为名誉会长。这段时间我主要从事专利代理事业的国际合作业务。这三十年来，我可以说是和中华全国专利代理人协会结下了不解之缘。我对协会的创建和发展一直十分关注，积极参加了协会组织的各项活动。

## 一、光辉的三十年

专利制度本身就是改革开放的产物，专利代理制度也是改革开放的产物。三十年来，随着我国改革开放的深入发展，专利制度也与时俱进，经历了一个不断发展变化的演变过程。1987 年以前，国务院只批准了中国国际贸易促进委员会专利代理部、上海专利商标事务所、中国专利代理（香港）有限公司和永新专利代理公司四家涉外专利代理机构，其他省、自治区、直辖市、部、委、院、校之下都建立了国营的专利代理机构，由财政拨款维持经营，专利代理人都是国家干部。党的十四大作出了党政机关与所办经济实体脱钩的决定。在我担任会长期间，曾就此项改革进行调研，多数专利代理人思想一时接受不了改革，因为多年来一直享有国家待遇的专利代理机构现在要走自收自支、自负盈亏、自我管理、自主发展的道路，这是一种革命性的变革。经过5年的准备和过渡，直至2002年，才在250家专利代理机构中完成了脱钩改制工作。

从1988年至1998年，协会从法律上和组织上逐步完备起来。1991年3月4日，国务院发布了《专利代理条例》。这是专利代理事业的基本法规，从此协会就有了执业的坚实法律基础。

协会的第四届理事会主要完成了以下几项工作。

- 为了加强与各地区、各部门专利代理人的联系，陆续建立了华东、华北、中南、西南、东北、西北、部委、高校、中科院九个协会的支会。各个支会分别组织活动，增强了协会的凝聚力。

- 建立了年会制度，使广大会员能直接参加协会的活动，讨论专利代理行业中的热点问题，交流学术研究成果。1996年4月，第一届年会在北京怀柔召开，来自全国的200余名专利代理人参加了会议。

- 1996年3月，协会成立了专家委员会，注册备案的各行各业专家有118人。该专家委员会被北京市高级人民法院指定为知识产权审判技术鉴定单位，在以后的专利司法审判工作中发挥了重要的作用。

- 配合原中国专利局建立了专利代理机构的年度检查制度并于1998年进行了首次年检，从此确立了对全国专利代理机构的工作和管理状况进行年度检查的制度。

- 1996年报请原中国专利局高级职称评审委员会接受并进行了专利代理人的高级职称的评审工作，使专利代理人获得了业务晋升的机会。

以后的历届协会理事会为规范专利代理事业的发展投入了辛勤的劳动，做了大量卓有成效的工作，例如，在原中国专利局以及后来的国家知识产权局的领导下，参与修改国务院《专利代理条例》和国家知识产权局《专利代理管理办法》的讨论并提出了系统的修改意见。协会在国家知识产权局的领导下还参与了《国家知识产权战略纲要》《专利战略研究》《知识产权中介服务体系》等各项研究任务。协会的全国代表大会还通过了《专利代理人职业道德和执业纪律规范》《关于反对不正当竞争、规范行业市场的决议》。至此，协会的组织建设和思想建设已逐渐臻于完备了。

## 二、新的机遇与挑战

### （一）从数量到质量的转变

在专利代理工作的前二十年，我国考核经济发展和政绩主要是看 GDP 的数量，各部门和地区主要热衷于推动 GDP 的增长，因此出现了一些部门重复建设、生产能力过剩和生产效率低下的现象。党的十八大以来，中央采取了各种有力措施，去过剩产能，优化产业结构，强调平衡发展，在很大程度上扭转了这种现象。

与此相适应，在专利申请领域，在相当长的时间内，也出现了单纯追求申请量的现象，常常以专利申请量的多寡来考核各地区和部门专利工作的业绩。有些地区甚至给专利代理机构发放补贴，因而部分专利代理机构不惜采取各种手段来扩大专利申请量，有的甚至违反职业道德，伪造了大量虚构的专利申请，以赚取高额的补贴金。虽然国家知识产权局已采取坚决措施遏制了这种现象，但是在大量专利申请中，仍不免鱼龙混杂，掺杂着一些低水平的专利申请。目前，我国每年的专利申请量和授权量已居于世界前列，已经是一个专利大国，但还不能算是一个专利强国。因此专利代理界应当下苦功夫，力求保证和提高我国专利申请的质量。

从世界范围来看，进入21世纪以后，全球的专利申请量也大幅度增长。有些跨国公司为了占领专利高地，不惜花费重金，跑马圈地，扩大其专利池，避免竞争对手捷足先登；有些不良商人以营利为目的，申请了大批专利，待价而沽。上述问题造成了普遍存在的专利质量下降问题。因此，如何保证与提高专利质量已成为一个世界性的问题。中欧美日韩五大知识产权局领导的联席会议曾把提高专利质量作为一个重要议题。各主要的知识产权非政府组织如FICPI、国际保护知识产权协会（AIPPI）、美国知识产权法律协会（AIPLA）等，也把提高专利质量作为自己的一项重要任务。协会作为世界知识产权界的一支劲旅，自然必须动员自己的会员，把提高我国专利质量当作自己一项经常的、主要的任务。

### （二）从供给侧提高服务水平

党的十九大指出“我国社会的主要矛盾已经转化为人民日益增长的美好需要和不平衡不充分的发展之间的矛盾”。为了解决这个矛盾，“必须坚持质量第一，效益优先，以供给侧结构性改革为主线”。专利人（包括专利申请人、专利权人）是专利代理人的服务对象，专利代理人必须为专利人提供高效优质的服务。目前，专利代理人和专利人之间的矛盾也是专利人日益增长的多方面的需要和专利代理人所能提供的服务不平衡不充分的现状之间的矛盾。

在相当长的一段时间内，我国专利代理人只是应专利人的要求，为其撰写专利申请书，或为其专利诉讼提供意见，这种服务是必要的，但往往是被动的。进入21世纪以后，随着改革开放的深入和经济发展的全球化，专利人往往要求专利代理人提供全面、周详的服务。在这方面，我们专利代理工作往往是有所欠缺的。

因此，在新时代，我们专利代理人必须从供给侧提高服务水平，根据服务对象的需要，深入进行调查研究，量身定做，提出具体而全面的服务计划。这种从被动到主动服务方式的转变是有难度的，但是，只要我们铆足干劲，迎难而上，这些困难是可以克服的。

当然，要为专利人提供全面、充分的服务，光靠专利代理部门单打独斗是不行的，还必须与科研、生产、物流、金融等部门实行亲密无间的合作，才能实现向供给侧服务转变的目标。

### （三）平衡专利事业的经济效益和社会效益

建立专利制度的初衷是为了激励人们进行发明创造

以提高社会生产力。为了鼓励和保护发明创造者的积极性，社会同意给他们以一段时间的垄断使用权。但是，进入21世纪以后，随着经济全球化的深入发展，垄断性的跨国公司和先进的发达国家拥有大量基础性的核心专利，使许多发展中国家受到多方面的制约，难于发展本国的经济，这就使得专利制度在一定程度上成为阻碍全球生产力发展的障碍。因此，在专利界，特别是发展中国家中，一直存在否定专利制度积极性的议论，这实际上反映了专利制度所能提供的经济效益和社会效益之间的矛盾。

专利权人，特别是拥有大量专利的跨国公司，往往强调为了取得专利，投入了大量资金，需要通过实施专利回收资金；而发展中国家则认为，这些跨国公司通过专利垄断，获得了大量超额利润，遏制了它们的经济发展。

因此，为了保证专利事业的顺利发展，必须解决好经济效益和社会效益之间的矛盾。为此，世界贸易组织规定，凡是关系到人民切身利益的专利（特别是药品专利），有关国家如果认为必要，可以颁发强制许可。印度政府在这方面就做得比较好，它针对一些疗效很好而国际价格畸高的药品（如治疗癌症和艾滋病的特效药），就对有关外国制药企业的专利颁布了强制许可，给予本国制药企业以实施的机会。印度是世界上生产仿制药最多的国家，价格十分低廉，不仅造福于本国人民，而且出口到急需该药品的不发达国家。

我国《专利法》中虽然有关于强制许可的规定，但在实践中却鲜有应用；另外，大量过了保护期的专利也是可以无偿使用的，我们在这方面也关注得不够。建议我国专利代理人在适当情况下，应协助客户运用强制许可和过期专利这两项武器，来保护我国人民的权益。

### （四）经济全球化对专利代理事业提出的新要求

经济全球化是势不可挡的时代潮流，第三次世界技术革命的浪潮汹涌澎湃，新发明和新技术层出不穷，日新月异，专利的创造、使用、保护也呈现出国际化的趋势。中欧美日韩五大知识产权局的局长定期会晤，不仅在程序问题上进行有效的合作（如专利申请高速路、互相承认检索结果），将来还可能在更实质性的问题上扩展合作（如互相承认审查结果）。当然，由于民族国家的存在，这还需要经过一个漫长的过程。

专利工作的全球化是大势所趋，我们专利代理事业必须满足这种新变化提出的新要求。首先，我们必须转变观念，不能使自己的观念囿于一国范围，要高瞻远瞩，密切注视国际专利界的新动向、新问题；其次，要使我们的工作与时俱进，不断适应业界的新变化、新要求。

从协会层面来说，我们要组织学术委员会深入研究世界专利发展的新课题，使研究成果成为广大专利代理人的精神财富。

党的十九大指出，“人才是实现民族振兴、赢得国际竞争主动的战略资源”。国家知识产权局也制定了培养高端知识产权人才的战略计划。协会应当在国家知识产权局的领导下，多培养熟悉国际专利法、具有国际活动能力的专家，为此就要多派人参加有关的国际会议，以勤奋不懈的努力，多在与知识产权有关的非政府组织（NGO）中承担一些领导工作，以增强我国在世界知识产权舞台上的话语权，不辜负我们知识产权大国的地位。

## 三、专利代理事业发展的光明前景

党的十九大明确指出，“我国仍处于并将长期处于社会主义初级阶段”。我们的目标是要“加快建设创新型国家”；到2035年，基本实现社会主义现代化，跻身创新型国家前列；到21世纪中叶，把我国建成富强民主文明和谐美丽的社会主义现代化强国。为了实现这个宏伟目标，需要广大专利代理人殚精竭虑，奋力拼搏，才能完成党赋予我们的光荣历史使命。

党中央还向科技界提出任务："要瞄准世界科技前沿，强化基础研究，实现前瞻性基础研究、引领性原创成果重大突破。"这些恰恰是我国科学技术的短板。从专利的布局来看，世界上一些新兴前沿科学的基础发明和核心技术专利都掌握在美日欧跨国公司手中，它们画地为牢，建立起密不透风的专利墙。我国专利代理人的任务就是要帮助专利人了解专利布局的情况，寻找突破口，打进楔子，冲破垄断跨国公司的包围。最理想的方式是像华为那样，加大研发投入，集中人力物力，绕开垄断的专利池，另辟蹊径，开发出麒麟基础芯片。同时建立起独树一帜的5G通信系统。在基础专利和核心专利的创造、应用、保护和管理方面，专利代理人还大有可为，还有许多工作等待我们去做。

虽然我们的PCT国际专利申请量增长速度名列世界前茅，但是其在我国的专利申请总量中所占的比重还很小。这说明我国具有世界水平的专利申请还不多。专利代理人的任务就是要协助专利人下大力气提高专利申请的质量，达到国际专利申请的水平。

美国的霸凌主义表现在各个方面，当其在世界知识产权组织（WIPO）中不能取得绝对优势时，就绕过

WIPO，在其能控制的世界贸易组织（WTO）中通过了有关知识产权的决议。特朗普总统上台以后，打着“美国第一”的旗号，实行闭关锁国和贸易保护主义，违背了WTO制定的、由大多数国家奉行的自由贸易规则，在世界范围大打贸易战。特朗普及其团队把中国视为其最主要的竞争对手，千方百计对中国实行制裁和打压是其既定的国策。他的主要武器就是凭借其在知识产权方面的优势，运用所谓的“301条款”打压中国，说什么中国企业盗窃了美国企业的知识产权，中国企业强制美国转让专利技术，中国对美国的知识产权保护不利，等等。其实，知识产权的许可和转让纯粹是合约规定的企业行为，与政府毫无关系。

我国专利代理人必须在思想上明确：我们与美国的专利战是长期的、不可避免的持久战。“来而不往非礼也”，我们必须造就一支坚强的、无坚不摧的、有战斗力的队伍，协助我们的客户打赢美国挑起的专利战。

总之，面临机遇与挑战并存的新时代，我们只要在党的领导下砥砺前行，努力奋进，向新的征程迈进，专利代理事业的发展前景就是无限光明的。期待到21世纪中叶，当我们欢庆中华全国专利代理人协会六十岁生日时，我们的专利代理大军又为建设创新型的社会主义现代化强国贡献出了自己的一份力量。

# 庆贺中华全国专利代理人协会成立三十周年

杨　梧

## 个人简历

杨梧，柳沈律师事务所所长，兼任中华全国专利代理人协会（ACPAA）会长、国际保护知识产权协会（AIPPI）中国分会副会长；国际许可证贸易工作者协会（LES）中国分会会员；北京市律师协会会员。

1978年2月至1982年1月就读于浙江大学机械系；1982年2月至1993年2月在中国国际贸易促进委员会法律部、专利代理部工作，曾任专利代理部机械处副处长和处长；1984年11月至1985年11月在联邦德国和英国的专利律师事务所进修一年；1993年参与创建柳沈律师事务所，成为合伙人；现任事务所所长。

光阴似箭，岁月如梭。转眼间中华全国专利代理人协会（以下简称“协会”）到了而立之年。全国的专利代理人都为即将迎来的协会成立三十周年而欣喜，也为协会在这三十年来为专利代理行业、为专利事业、为中国的创新建设、为中国的法制建设所作出的贡献和取得的成绩而感到自豪与骄傲。

我们都知道，专利体系有三个支柱：专利审查、专利审判与专利代理。可以说，专利代理是整个专利制度的一个重要基础。所以，中国政府在20世纪70年代末、80年代初考虑建立专利制度之初就把培养、建立专利代理人队伍的工作放在了最先抓的几项工作之中。为此，我们与联合国世界知识产权组织（WIPO），以及日本、美国、德国、英国等国家的专利代理人组织合作，采用派人员出国培训与请专家进来讲课等方式为我国培养了第一批专利代理人。可以说，中国的专利代理人从我国建立专利制度一开始就站在了一个比较高的起点上，这也有力地保证了1985年4月《专利法》的顺利实施。

伴随专利制度建立，在中国诞生了一个新的行业——专利代理。从一开始，我国就对专利代理行业高度重视，为专利代理人的业务水平、服务能力的提高进行各种培训教育，专利代理人队伍也逐年扩大。1988 年，专利代理行业迎来一个里程碑事件——中华全国专利代理人协会成立。从此，中国的专利代理人有了自己的组织，也被亲切地称为“娘家”。协会作为自律性行业组织，自成立以来，一直致力于维护专利代理人、专利代理机构的合法权益，规范专利代理人、代理机构的执业行为，提升专利代理人的业务水平、服务能力与职业素养。

2008 年，国务院颁布实施了《国家知识产权战略纲要》（以下简称《纲要》）。十年来，在《纲要》的指导下，我国的知识产权创造、运用、保护、管理和服务能力得到了全面提升，专利代理行业也有了非常大的发展。为了加快知识产权强国建设和创新型国家建设，协会也作出了不懈努力。

## 一、专利代理人队伍迅速扩大

截止到 2018 年 8 月，我国的专利代理机构达到了 1800 多家，执业专利代理人达到了 19000 多人，其中持有专利代理人和律师“双证”的人数有1500多人。具有专利代理人资格的人数已超过35000人。中国已经拥有数量位居世界第一的专利代理人队伍，基本上满足了专利事业的快速发展。协会为新成立的专利代理机构能够快速、规范地开展业务，为更多新人能够通过专利代理人资格考试，为新代理人能够顺利合格地完成实习培训并取得执业证都作出了很多努力。

## 二、完善规章制度，促进行业规范化发展

近些年来，协会不断完善行业规章制度，加强行业基础建设，积极推进行业的制度化、规范化发展，积极参与了专利代理行业发展中长期规划制定工作；参与了《专利法》《专利代理条例》修订工作，提出了相关建议；开展了协会章程的修订工作；出台《中华全国专利代理人协会非执业会员管理办法》并开始试行；推动《专利代理服务指导标准》在行业内贯彻执行，促进行业的专业化发展。

## 三、强化行业自律职能，加快诚信体系建设

近些年来，协会不断加强行业自律监督职能，通过

正面引导与反面教育两方面，加强专利代理行业行风建设，努力倡导会员形成诚实守信的理念，维护行业有序竞争的工作环境。一是开展正面教育，弘扬正能量。弘扬专利代理职业操守，建立专利代理人执业宣誓制度。在2016年“4·26世界知识产权日”发起专利代理行业诚信建设倡议。加强对专利代理机构规范化建设的指导，举办代理机构管理经验交流会，推广代理机构管理制度范本。二是做好投诉查处，强化投诉曝光，提高自律意识。建立全国专利代理公共服务平台，发布全国专利代理行业年度发展状况报告。密切关注行业发展中的热点，针对专利代理机构利用互联网进行业务经营的行为，协会及时向各专利代理机构下发了《关于规范专利代理行为的通知》。配合国家知识产权局（以下简称“国知局”）条法司开展挂证清查，筛查曝光无资质专利代理机构共计24批524家，在协会网站开设无专利代理资质机构查询专栏。

## 四、加大教育培训力度，提升专利代理质量

近些年来，协会不断完善行业培训机制，持续加大培训力度，积极提升专利代理质量。一是建立上岗培训、高层次人才能力提升、诉讼代理人业务培训等多层

次培养体系，采用审查专家与专利代理人业务交流、实务技能培训、高级研修班等多种方式，利用线上线下相结合手段，提高培训实效。二是积极加强高端人才队伍建设。开展包括专利预警、专利分析、专利布局、海外维权等高端增值业务培训，提高高层次人才的综合素质，推动专利代理机构参与企业高端增值业务服务。

## 五、积极争取并努力推动诉讼代理人制度的实行

在中国专利制度创立伊始，中国的一些专利代理人就作为诉讼代理人参与了一些专利诉讼。因为专利代理人懂专利法、懂技术，也了解整个专利申请审批程序，故而很多法院的法官是欢迎专利代理人在专利诉讼中作为代理人出庭的。但是，以前专利代理人都是以“公民代理”的身份出现在法庭上的。前些年，《民事诉讼法》《行政诉讼法》相继修改，“公民代理”被取消，这就影响了专利代理人作为诉讼代理人的出庭资格。协会在国知局的支持下，积极向全国人大法工委反映情况，说明专利代理人代理专利诉讼在我国已形成事实的历史与现状及其必要性，同时也征得了包括最高人民法院在内的各级法院的支持，最终全国人大作出了经中华

全国专利代理人协会推荐的专利代理人可以作为专利诉讼中的诉讼代理人这样的特殊安排。在此基础上，协会代表行业与最高人民法院多次沟通协商，在《民事诉讼法》和《行政诉讼法》司法解释中对由中华全国专利代理人协会推荐诉讼代理人进行了明确。后又经与最高人民法院协商，调整了专利代理人代理专利诉讼的身份确认方式，即由协会自行审查考核诉讼代理人资格，并对外公布，同时定期更新诉讼代理人名单。到目前为止，协会已推荐了可参与民事诉讼的诉讼代理人 1200 多人，可参与行政诉讼的诉讼代理人 1400 多人。同时，为了规范诉讼代理人的推荐工作并提高诉讼代理人的水平，协会制定颁布了《中华全国专利代理人协会诉讼代理管理办法》，并对诉讼代理人的培训、管理提出了更高的要求。专利代理人可以作为诉讼代理人独立出庭在国际上也引起了不小的反响，很多国家的专利代理人协会都来向我们了解情况和“取经”。

## 六、努力做好对会员的服务工作

协会始终牢记办会宗旨，努力维护专利代理机构和专利代理人的权益，及时向有关部门反映行业需求，争取有关部门的指导和支持。比如前几年，国家的税收体系实行了由营业税改为增值税（以下简称“营改增”）政策，不少专利代理机构在这个过程中遇到了一些问题和困难，协会组织人员对营改增政策变化进行跟踪，听取专利代理机构反映的情况，与相关部门及时进行沟通协调，简化了跨境服务免税备案的手续，解决了开具境外身份证明的难题，从 2014 年开始持续为专利代理机构开具第三方证明。另外，专利代理是一个高风险的行业，办理每件专利申请收费不高，责任却非常大，发生责任事故的几率也较高。所以长久以来行业内一直有人在议论、探讨实行责任保险的可能性。协会经过多年的努力，反复调研、探讨，与保险公司及保险代理公司沟通、协商、谈判，终于达成了一个比较满意的保险方案，使得专利代理机构和代理人能够以比较低的保费为自己的执业行为保上一份责任险。这也使得很多客户对有责任保险的专利代理机构增强了信任度。自专利代理行业职业保险制度建立以来，协会还一直在积极调研、梳理问题、总结经验。同时，协调保险公司加强理赔服务，督促保险公司细化专利代理责任保险投保理赔工作事项，并编写了《全国专利代理责任保险理赔案例汇编》，努力推动这个保险方案在全行业更大范围的实施。再有，专利代理机构内部的流程管理、期限管理、档案管理是一项非常复杂的工作，必须依赖计算机程序才能实现高效、可靠的管理。对于广大中小专利代理机构来说，这种电脑管理软件是不可能靠自己的力量来完成的。市场上有一些商业化的管理软件销售，但价格与可靠性不一定尽如人意。协会在国知局的支持下，开发了一套供中小专利代理机构内部管理的电脑管理软件——EAC系统。这套EAC系统免费地提供给各个专利代理机构使用，而且协会多年来还一直在为专利代理机构使用EAC系统提供免费的操作培训和随时的咨询服务，并配套地做着后续的跟踪服务以及升级改版工作，极大地帮助了广大中小专利代理机构提高信息化管理水平。尤其是在国知局推广无纸化电子申请以来，EAC系统更是发挥了重大的作用。可以说，协会一直在为广大专利代理机构和专利代理人提供更好的服务而尽心尽力工作着。

## 七、加大行业宣传力度，强化行业文化建设

近几年，协会不断通过开展形式多样、内容丰富的宣传活动，努力扩大专利代理行业的社会影响力。一是升级优化门户网站和公众号，丰富宣传内容，发挥宣传阵地作用。二是公开发行《专利代理》杂志。该杂志虽然存在已久，但是以前一直作为“内部刊物”发行。经过多年的努力，终于实现了《专利代理》杂志的公开发

行，在提升行业的影响力方面意义重大，每年发行期刊32800册左右。三是倡导专利代理机构积极参与社会公益活动。近两年，共有21家专利代理机构参加了国知局对河北崇礼、湖南桑植等地的8个扶贫项目，金额达到96万元。为了强化行业文化建设，协会组织了一部分北京的专利代理机构举办羽毛球比赛和篮球比赛，还组织参加了国知局举办的专利知识竞赛。

## 八、深化对外交流合作，提升行业国际影响力

协会一直在积极开展形式多样的国际交流活动，与日本、韩国、美国、英国、德国、法国等国家行业组织定期或不定期双边互访研讨，加强了与国外同行业的交流合作。积极参与国际知识产权相关事务，提升行业的国际影响力。协会自被WIPO聘为永久性观察员以来，就积极发挥作用，每年都组织人员参加WIPO成员国大会，还参加国际知识产权律师联合会（FICPI）、国际保护知识产权协会（AIPPI）、全球网络峰会等国际知识产权会议。协会还发挥非政府组织优势，积极协助国知局相关部门开展外事活动，宣传了我国的知识产权制度，扩大了行业的国际影响力。此外，积极参与知识产权“一带一路”建设行动计划，为我国企业“走出去”参

加海外展会提供知识产权维权援助开展相关研究。

总之，多年来协会充分发挥对专利代理行业的领导、指导、引导和服务的功能，在推动专利代理行业朝着专业化、规范化、规模化方向的发展方面作出了不懈努力。然而，在加快知识产权强国建设的新征程上，协会的工作任重而道远，我们要着眼专利代理工作自身的角色定位，紧紧抓住难得的发展机遇，面向国家经济建设主战场，主动融入、有效作为，努力为我国的知识产权事业发展提供有力支撑，进一步在加强行业建设方面付诸努力。

当前，中国特色社会主义进入了新时代，中国的知识产权事业也进入了新时代。随着中国创新驱动战略的推进，中国的经济从高速度发展转向了高质量发展，中国的专利申请也必然会从前一段时间的重视数量发展转向对更高质量要求的发展。这就要求所有的专利代理机构与专利代理人进一步提高业务水平和服务能力，改变以往的经营模式与工作方式。另外，现在全世界的科学技术正在以越来越快的加速度发展，许多新技术、新概念不断出现，例如大数据、云计算、云存储、区块链、人工智能等。这些新技术的出现以及演变、成熟会对人类的工作方式，甚至生活方式带来很大的影响与改变。同样，专利代理行业也不可避免地会受到这些新技术带来的冲击，例如：专利代理机构与客户的关系受到区块链的影响；我们现在所从事的一些工作的内容、方式被人工智能所替代。在这些新技术的冲击下，专利代理行业有可能面临重新“洗牌”，有些专利代理机构、代理人可能会被淘汰出局。但是，新技术的出现与发展会要求更多更强的知识产权保护，也会出现新的工作模式、工作内容，包括专利代理的知识产权服务业将会有更大的经营空间与发展空间。然而，这就要求未来发展好的专利代理机构未雨绸缪，有足够的知识储备与人才储备，能够适应新时代的工作要求。

在庆祝协会成立三十周年之际，新修订的《专利代理条例》颁布了。新修订的《专利代理条例》明确了专利代理行业组织的法律地位和主要职能，填补了专利代理行政法规中行业组织制度缺位的空白。根据新修订的《专利代理条例》，中华全国专利代理人协会必将进一步加强自身建设，充分发挥协会对专利代理行业的领导、指导、引导、服务职能，切实提升行业的良好经营氛围，引领广大会员不断创新服务理念、提高服务质量、完善服务方式，进一步加强专利代理行业的人才队伍建设，积极参与知识产权国际事务，加强对外合作交流，引导专利代理行业为知识产权强国建设与创新型国家建设不断努力奋斗！

# 旧事片段

## ——中华全国专利代理人协会成立三十周年回忆文章

林柏楠

### 个人简历

林柏楠，中咨律师事务所主任，兼任中华全国专利代理人协会副会长。

1975～1978年，吉林市郊区九站公社插队知识青年；

1978～1982年，清华大学化学化工系高分子化工专业学习，获工学学士学位；

1982～2001年，中国国际贸易促进委员会专利商标事务所专利代理人，历任化工处副处长、处长、副所长、所长；

2001年11月起，中咨律师事务所合伙人，现为事务所主任。

专业特长和执业范围：

1982年起接受专利代理业务培训，1984年取得专利代理人资格并开始从事专利代理工作，执业范围主要涉及专利申请的撰写申请程序、复审和无效宣告程序，以及知识产权行政诉讼和民事诉讼。

执业资格：

1984年取得专利代理人资格，2003年取得律师资格。

## 一、啥叫“专利”?

我第一次听说“专利”这个词的时候还是一个小学生。

1968 年“大联合”之后，各地成立了革委会。随之而来的是开“讲用会”的热潮。我父母所在的单位曾经请过几位外单位的活学活用毛主席著作积极分子在礼堂做报告。凡有这样的报告，我们这些子弟校的小学生也跟着听。做报告的积极分子中讲得最精彩的是全国劳动模范、吉化管道加工班班长李国才。

李国才是 20 世纪 50 年代的劳动模范，去北京开过劳模会，见过毛主席。他所讲的就是当年建设吉化时他和他的管道加工班的先进事迹。

吉化是第一个五年计划的重点引进项目。当时我国的工业底子薄、技术落后，吉化建设过程需要克服很多困难。李国才非常善于动脑筋，为吉化的建设解决了不少技术问题，其中最精彩的是压制弯头。吉化的一个项目需要用冷压方法由不锈钢管材制弯头。这需要使用油压机。如果有现成装置，这种冷压加工应该属于简单的机械加工过程。但是，当时吉化没有油压机、没有能力加工弯头，加工工艺是由焊工将管材截成梯形，再将几个梯形管头用焊接的方式焊在一起，做成弯头。这样的弯头被称为“虾米腰”。

这种焊出来的虾米腰弯头不仅不美观，而且生产效率低、成本高，还增加安全风险。我们国家当时实在太落后了，被参加吉化建设的英国专家看不起。英国专家当时跟吉化领导说，要想加工弯头，“你们需要买我们的专利”。一次过年的宴会上，英国专家竟然说“为你们可怜的弯头干杯”！

李国才说，外国人的傲慢让他们非常愤慨。他们下决心要造出油压机，解决加工弯头的难题，为我国工人阶级争口气。李国才的管道加工班在研制油压机和试制弯头的过程中经历了种种困难和挑战。他们最终克服了难以想象的困难，造出来了油压机，解决了加工弯头的问题。

李国才的报告受到了热烈欢迎。对我来讲，这不仅是一个励志的故事。报告中的“专利”也是一个很新鲜的概念。我问了几个叔叔伯伯。他们都说不知道专利是什么。不过有一点是朦朦胧胧地听明白了，就是这专利并不是有形的设备，而是一种无形的东西，也就是知识，而且要用钱买才能得到。

## 二、我们也要搞专利

13 年后，就是 1982 年，我大学毕业，被分配到中国国际贸易促进委员会（以下简称“贸促会”）做专利工作。当时专利法还在起草制定过程中，贸促会的专利代理业务也在筹备当中。筹备中的专利处归属法律部。我是专利处第 35 名报到的干部。后来我看到的资料显示，国务院是 1980 年发文批准由贸促会筹建专利代理机构的。这应该是我国专利代理事业的第一个里程碑。

我是带着十几年前对“专利”概念的疑惑到单位报到的。报到后见的第一位领导是法律部副部长柳谷书。柳谷书是一位非常有风度、非常睿智、非常平易近人的长者。他简单询问了我的情况后说道：“你们这些理工科的学生外文不行，统统送出去进修外语。”

我们这些大学毕业生统统被送到北京外贸学院进修英语。除了我们这些新毕业的大学生外，部分调进来的干部也被派到这个培训班进修英语。当时，贸促会接受国务院指令筹办专利代理机构刚刚两年。这两年的时间里，贸促会已经派出了不少干部到国外进修。贸促会把培养人作为完成国家指定的筹备专利代理机构任务的头等大事，并且全力以赴，一点儿也没有打折扣。贸促会当年的专利代理人培训应该是专利代理行业最早的专利代理人队伍建设的项目。

我报到后在单位宿舍遇到的第一位同事是郑州粮食学院毕业的王峰章。他跟我说的第一句话是："这专利呀搞不搞还不一定呢!"据他说，专利法的起草遇到各方面的阻力，没人知道啥时候能搞成，能不能搞成。后来我看到的资料显示，专利法起草过程中确实有比较尖锐的反对声音。就是支持搞专利法的人里边，对专利法版本的选择也有不同的意见，例如有人建议参考苏联的发明人证书制度。参与专利法起草的人民大学郭寿康教授后来也跟我讲起过专利法起草过程中的故事。万幸的是，国家已经确定了改革开放的方针政策。改革之初的那个年代，我们急需引进资金和技术，所以引进专利制度势在必行。当时参与起草专利法的专家、领导和决策层的睿智和远见卓识让他们最终选择了引进专利制度，而且引进的是现代的、适合我国未来发展的专利制度。

## 三、第一批专利代理人

1984年，随着专利法的颁布，所有的筹备工作都进入最后冲刺阶段。那年，贸促会专利代理部正式成立，并正式开始办理专利代理业务。专利代理人的业务培训也升级了。专利代理部为每个技术处单独邀请一家外国专利代理事务所的代理人办讲座。我本人那时住贸促会办公楼下面的单身宿舍。那年抓学习也是到了拼命的程度，几乎每天就是单调的宿舍—食堂—办公室。贸促会法律部图书馆有一套美国经典教材，一共厚厚的七卷，是Kayton教授写的《专利代理实践》(Patent Preparation and Prosecution Practice)。我1984年用一年时间认真学完了其中的六卷（第七卷主要是索引）。

1984年，国内企业在专利法正式生效之前先掀起了一个向外申请专利的小高潮。一些单位来找贸促会办理向外申请专利的业务。当时的撰写工作主要是我们这些刚刚接受培训的年轻人完成的。我主办的第一件专利申请是郑州磨料磨具研究所向美国提交的专利申请，发明名称是“聚晶金刚石”。

专利代理先于专利审查投入正式运营。

那时候，中国专利局（以下简称“专利局”）尚未开始受理中国的专利申请，考核授予专利代理人资格的制度尚未启动。即使用现在的标准衡量，那时候的工作质量也是很高的。当时业务量不大，办案人员有时间不计成本精雕细刻。学到的知识、策略能用上的都用上了。

第一批专利代理人的证书是1984年12月20日颁发的，有效期3年。那次专利代理人资格的授予并没有经过考试，而是所在单位将符合基本条件的干部的名单报专利局，由专利局“考核”授予的。据当时的领导介绍，第一批专利代理人一共大约七千人。

由于《专利法》的颁布，国家在省市人民政府和中央部委都设立了专利管理机关。这些专利管理机关同时又具有专利代理服务职能。这些官方的代理机构，加上企业高校的专利代理机构构成了最初的专利代理体系的框架。

专利制度建立之初，涉外代理必须经过国务院指定。第一批涉外专利代理机构只有三家。这个指定甚至被直接写进了《专利法实施细则》（第14条）：“专利法第十九条第一款和第二十条所称的专利代理机构是指中国国际贸易促进委员会、上海专利事务所和中国专利代理有限公司以及国务院指定的其他专利代理机构”。后来听郭寿康教授讲过起草该条的故事。这个第14条是他建议的，背后是贸促会的柳谷书和胡明正两位先生的推动。

## 四、出国进修

1984 年，贸促会专利代理部决定选派年轻的专利代理人出国进修，其中有我、方鹏和俞建阳（派往美国），杨梧和迟少杰（德国），还有吴忠朴（澳大利亚）。我被派往纽约的一家律所进修一年（1985 年 2 月到 1986 年 2 月）。

1985 年 4 月 1 日专利局第一次受理专利申请之前，贸促会专利代理部曾经有一个全体办案人加班准备专利申请的工作高潮。那个最忙碌的时刻我没有赶上，也没有作任何贡献。

专利代理部领导给我的任务是学习专利代理实务。由于我在外派之前已经学习了美国专利代理的整套教材（那个美国律所的图书馆里放的是同一套教材），1985 年的学习收获非常大。在进修期间，我在那个律所调阅了大量的律师办案文档，学习美国律师具体办案实操的技巧。进修期间我还研究了与专利侵权诉讼有关的法律和实务，还有美国的反托拉斯法、合同法，阅读了大量案例。

我进修的这家律所既做专利申请业务也做侵权诉讼。这个律所的几个骨干律师在20世纪80年代初为客户打赢了几场非常重要的官司而名声大噪。这其中的一个案子是合伙人John Vassil律师办理的罗氏产品诉博拉公司专利侵权案。这个案件中，John Vassil先生说服了美国联邦巡回上诉法院认定博拉公司为取得政府审批程序所必需的临床试验数据而使用被专利覆盖的化合物的行为属于侵权行为。这个判决导致仿制药企业的强烈反弹。后来，美国国会通过了一项法案（Hatch – Waxman Act），特别确定为获得政府审批程序所必需的临床试验数据而制造和使用被专利所覆盖的化合物的行为不属于侵权行为。这个法案后来被广泛称作“博拉例外”。

这个案子仅仅是这家律所办理的精彩案件中的一个。在这家律所学习不仅使我学到了办案实务，还使我对我所从事的专利代理工作和整个行业产生了全新的认识，并完成了从学生到执业人员的转变。进修让我认识到，法律不仅仅是需要背诵、牢记和天天应用的枯燥的条文。法律是活的，是由包括律师在内的法律人推动演变和前行的规则。专利代理人的工作不仅仅是写说明书、写状子替人争取利益。专利代理人是国家法律体系的建设者，法律演变的推动者。我自认为看到了专利代理工作的社会意义。从这一年的进修开始我形成了一种认识，并随着我执业生涯的推进而不断深化。这就是：国家的法制建设和专利体系的健康运转需要建立和保持一个健康的专利代理行业和强大并充满活力的专利代理人队伍。

这次进修也使我拿定了一个主意，就是干一辈子专利代理，做一名优秀的专利代理人。我要像我看到的那些优秀专利律师那样，把专利代理当作终身职业。

## 五、《专利法》第25条

我1986年回国后被任命为化工处副处长。在这个副处长的位置上我牵头办的第一件对专利局的公务是对《专利法》第25条的探究。《专利法》第25条规定："对下列各项，不授予专利权：…… 三、疾病的诊断和治疗方法"。对于该项规定的含义，国外用户经常来信询问。作为代理人，我们必须给客户以准确的解释。为此，我特意与专利局审查四部的刘同文部长取得了联系，期望得到对该项规定的官方解释。

从专利代理的角度看，该项规定有多处不清楚的地方。第一，"疾病"一词最常用的是狭义解释。通常情况下，"疾病"和"伤痛"被理解是互相不涵盖的两个概念。如果"疾病"覆盖伤和病，则样板戏《沙家浜》

里边的新四军伤病员就不叫“伤病员”了。如果《专利法》第25条的“疾病”作此解释，则外伤的诊断和治疗方法就应该不在“不授予专利权”的范围之内。还有，整形方法所处置的应该不是“疾病”。这些显然需要落实清楚。第二，还是“疾病”这个概念，妇女怀孕生产应该不属于患病。如此解释“疾病”的话，与妇女怀孕生产相关的所有诊断和处置方法也应该是可以授予专利权的了。第三，《专利法》第25条明确规定“诊断和治疗方法”不能授予专利权，但并没有排除预防疾病的方法。那么预防疾病的方法就是可以授予专利权了。

刘同文部长是一个非常和善、非常有学问的长者。不过他给的回答是斩钉截铁的。他说，“疾病”不可以做狭义解释。凡是需要到医院看医生的，不管是“伤”还是“病”都是“疾病”（包括外伤、整形和怀孕生产）；凡是施用于人体的都是“诊断和治疗”（施用于人体的预防疾病的方法不属于可授予专利权的范围）。

这样一个钻牛角尖的问题被刘同文快速解答了。其答复也成了我们对外咨询的依据。

## 六、第一部审查指南

1989年初，专利局发通知征求对1988年内部试行的第一部审查指南的修改意见。贸促会专利代理部接到专利局的通知后，包贯乾副部长指定我来研究这个1988年版的审查指南并代表单位提出修改意见。

第一部审查指南的内容看上去是专利局多位在外国进修过的干部合写的，感觉是不同审查体系和理念的混合体。我花了不少时间研究这个1988年版的审查指南，按要求用专利局提供的B5表格手写了137页的意见（当时还没有个人电脑，我也没有麻烦单位的打字员）。按通知要求，我到专利局新搬的办公楼19层把意见交给了专利法研究所的负责人吴伯明所长。吴伯明后来跟我说，我那次算是大力支持了研究所的工作。那次征求意见没有得到应有的重视。专利法研究所一共收到局内外不到200页的意见。

这应该是专利代理行业参与审查指南修改的最早的一次努力。

## 七、知识产权教育基金

1992年，柳谷书上书国务院副总理朱镕基，建议由涉外专利代理机构出钱办知识产权教育。柳谷书在信中说，为了专利制度的健康发展，国家需要培养大批的优秀人才。这需要开展知识产权教育。然而，国家不富裕，这件事不一定能排上日程。解决这个问题有一个办法，就是由涉外专利代理机构出钱办教育。柳谷书的具体建议是由涉外专利代理机构在现有收费标准的基础上提高一定的百分比，这可以在一定时间内增加收入几千万元。柳谷书建议将这笔增加的收入用作知识产权教育基金，用于知识产权教育机构的基础设施建设。这样就可以启动知识产权教育工作。

柳谷书的这封信后来被批转给了专利局。专利局时任局长高卢麟为落实这项工作召集了当时的四个涉外专利代理机构（贸促会、港专、上专和永新）开会商量。那次会议参会的人员有上专所须一平所长和港专的副总石小梅。贸促会专利代理部的代表是我（我当时担任专利代理部副部长）。不记得永新派的哪位负责人参会。专利局也有几位部门领导参加会议。

会议讨论了柳谷书的建议，决定提高涉外专利代理收费标准 10%。由此产生了 1993 年版本的对外收费表。具体操作上没有按实际增收的代理费计算应缴教育基金，而是决定由代理机构按发明专利申请提交量计算基金，具体标准是每件发明申请交 130 美元。

那次会议上，参会的代理机构负责人和专利局的干部对即将设立的教育基金和教育事业都充满憧憬和期待。与会人员一致认为未来的培训中心应该既有正规的学位教育，也有执业人员继续教育。高卢麟说，专利局要尽最大努力去为未来的培训中心争取颁发学位的资格。高卢麟还说，等培训中心建起来，所有专利代理人都可以到培训中心免费学习。关于即将设立的基金，高卢麟建议由发明专利申请提交的大户，也就是未来交钱大户港专的总经理郑松宇担任基金会的董事长，参加基金的管理。

我在会议上提出一个建议，就是先搞一个五年规划，也就是这个交钱办教育基金的制度先执行五年，到五年届满时所有涉外专利代理机构再碰头，对项目的执行情况进行审查，并规划下一个五年计划。无论如何，在培训中心硬件就位后，这个教育基金就应该停止收取。对于我的建议，高卢麟并没有直接表态。他说当前最主要的是需要参会的涉外专利代理机构对这个教育基金的项目表明态度，以便于专利局向国务院领导汇报。高卢麟因此当场口授了一个回复函，核心内容是同意设立这个教育基金，同意用增收的代理费办教育，由参会涉外专利代理机构的负责人拿回去制作正式公函。

我会后向我的上司、专利代理部部长王正发汇报了会议情况。我建议在公函里边再次强调设立五年审核期限。王正发对这个教育基金的项目持无条件支持的态度，认为没有必要附加这样的条件。就这样，这个教育基金成了一个无固定期限的交费制度。

后来，不知道啥时候，这个知识产权教育基金成了专利局的正式收费项目，而且名称改成“知识产权培训中心办学经费”。后来，这个“办学经费”直到2005年财政部清理整顿收费项目时才停止收取。

建立知识产权培训中心、办教育应该是专利代理行业为我国知识产权事业的发展作出的一个值得点赞的贡献。

## 八、第一件行政诉讼案

我办理的第一件行政诉讼案是一件针对专利复审委员会（以下简称“复审委”）维持驳回决定的行政诉讼。那是一件发明名称为“金属螯合物的单克隆抗体”的专利申请。专利申请人是美国的海布里蒂克(Hybritech)公司。这件专利申请是1985年提出的，适用1984年的专利法。

《专利法》第25条规定对“药品和用化学方法获得的物质”不授予专利权。《专利法》第25条在当时通常被用白话讲解为对“化学物质”不授予专利权。该专利申请的审查阶段，专利局审查员所应用的就是“化学物质”这个概念提出的审查意见。然而，《专利法》第25

条的原文并不是“化学物质”，而是“用化学方法获得的物质”。该案争议焦点是单克隆抗体是否属于《专利法》第25条规定的“用化学方法获得的物质”。

这个案子的复审委决定是1993年作出的，印象中北京市中级人民法院（北京市第一中级人民法院尚未成立）的开庭时间也是在1993年。那个行政诉讼案的合议庭的主审法官是宿迟，书记员是罗东川。那件诉讼案的代理人是我和黄革生。我们为那次庭审做了大量的准备，而且是自认为非常充分的准备。记得庭审过程中宿迟法官对案件涉及的技术问题有很浓厚的兴趣。遗憾的是开庭后没过多久专利申请人决定放弃这个专利申请。

## 九、丙烯腈技术引进合同咨询项目

1993年，贸促会专利代理部接受中石化的委托就中石化于20世纪70年代引进的丙烯腈生产技术的技术进口合同项目提供法律咨询。这是由我牵头并主办的第一个技术合同咨询项目。

丙烯腈是生产化纤的原料。20世纪70年代初，我国的化纤产量很低，棉花生产与粮食生产争土地，产量也上不去，导致布匹供应紧张。周恩来总理抓住尼克松访华后中国与西方主要资本主义国家关系改善的机会，经毛泽东主席批准引进了一批改善民生的外国成套技术。这个丙烯腈技术引进项目就是其中最早的一个。

这个丙烯腈成套技术的技术提供方是美国索亥俄公司（SOHIO）。由于合同谈判和签订时中美还没有正式建交，这个合同多了一个合同签署方，是日本的旭化成。这个项目的技术引进方是中石化。然而，在20世纪70年代，中石化并没有技术进出口经营权。这样，这个技术进出口合同又多了一个签署方，是中国技术进出口总公司。中石化是成套设备使用方。

这个技术引进合同涉及成套设备进口、技术服务、催化剂供应等多个方面。合同规定我方向技术提供方缴纳非常可观的许可费，并承诺持续购买对方的催化剂。

由于合同即将到期，中石化需要审查整个合同，确定合同到期时与技术提供方的合作政策。中石化为此决定委托外部法律服务机构提供法律咨询意见。不仅如此，中石化在引进技术后非常注意消化引进技术。在十几年的时间里对丙烯腈生产的催化剂进行了研究改进，并形成了自己的技术。合同到期后是否继续购买技术提供方的催化剂也是咨询任务之一。

实际上，贸促会专利代理部工作开展的过程中，中石化与外方续签合同的谈判已经开始。

中石化专利处的负责人是李增英。她来贸促会洽谈委托咨询的任务时是由我接待的。贸促会专利代理部接受委托后，组成了由我本人牵头，由我本人、律师迟少杰、专利代理人樊卫民组成的团队。我们几个人为这个案子投入了大量的时间。我们深入研究了合同，阅读了大量的技术资料。

合同签署时，我国还没有专利制度。这个技术引进合同涉及专利许可，但专利清单上只有美国专利。中石化完全了解专利的地域性原则。但是，为了展现与技术提供方合作的最大诚意，中石化要求以承认合同中的约定、承认合同所列的美国专利在中国领土上的排他效力为前提。经过核对，截至合同到期日仍然有一些在美国有效的专利。最晚到期的美国专利的到期日是 1999 年。

我方经过深入研究，认定中石化在合同到期后继续使用该技术不存在“侵权”问题，也不构成合同违约。中石化使用自己的催化剂也不构成“侵权”和违约。

法律分析工作完成后，中石化组织了一次非常严格的验收会。中石化请来了曹宪志、唐厚志等我国顶级的技术进出口、合同法律专家参加审核。我们为这次验收会做了非常充分的准备，还特意制作了一个整套工艺装置的简图，以利于没有技术背景的法律专家的理解。在验收会上，我们对法律意见书做了充分详细的讲解。我们的推导和结论得到了出席验收会的专家和中石化领导的一致认可。他们没有提出实质性意见和建议。

李增英不久后跟我说，这个法律咨询项目给中石化非常大的帮助。她说中石化在谈判中跟对方明确说了中石化正在请法律专家审查这个合同并提供咨询意见。外方在得到这个通报之后直接就放弃了合同到期后续签合同、索取专利许可费的主张。在后续的谈判过程中，还是中石化出于善意提出愿意继续采购对方催化剂若干年。这是一笔数百万美元的采购合同，相当于分手费。在此以后，中石化得以使用自己开发的催化剂。

技术许可方（合同执行过程中更名为 BP America）的法律总顾问名叫 Lawrence Evans。从 20 世纪 70 年代第一个合同开始就一直是他谈的。这个人见多识广、精明能干、风趣幽默，有丰富的技术转让谈判经验。他曾经担任过 LES 主席，名气非常大。他经常来中国，见过邓小平，对中国非常友好，在国际会议上他常讲中国的好话。这大概跟中石化百分之百地信守合同承诺有非常大的关系。十多年前我在一次国际会议上最后一次见到他，曾经跟他建议过把他当年向中国转让丙烯腈技术的故事写下来。遗憾的是他年事已高，没有精力做这件事了。

对于中石化来说，1993 年的谈判结果相对于原来的谈判预期已经是节省了千万美元水平的费用。中石化为此认为这个法律咨询项目是非常正确的决策。

那次贸促会专利代理部与中石化为这个项目事先约定了只有几万元人民币的咨询费。当得知客户为此得到巨大的经济效益时，我们感觉咨询费相对于我们的工作投入和客户利益来说显得少之又少。不过，总的来说我的心里是很高兴和满意的。客户在商业上取得的成功和客户对我们工作的满意是对我们最大的奖赏。

## 十、中药专利申请

20 世纪八九十年代，中药研究和专利申请一度比较热门。有欧美制药公司通过聘请中国的传统中医医生开药方等方式研究中药活性成分。与此同时，日本、韩国企业和个人也在积极提出中药制剂专利申请。大约在 1995 年，我接待了韩国一家专利代理事务所所长的到访。他来访一半是一般性的礼节访问，一半是讨论具体的申请案。这个事务所代理一个韩国个人申请人提交的一项牛黄上清口服液的专利申请。这件专利申请在审查过程中遇到了困难。专利局审查员坚持认为这个专利申请没有创造性。这位所长在会见过程中询问了创造性的审查标准，讨论了审查员引用的对比文件。

那时，我已经接替退休的老所长高元道担任了贸促会专利商标事务所（以下简称“专商所”）所长（贸促会的专利代理部和商标代理部于1993年合并成立了贸促会专利商标事务所）。会见结束后，我和几个办案人请这位韩国所长到燕京饭店吃中午饭。在从贸促会办公楼到燕京饭店的走路过程中，此人突然提出来给我两千美元，要我想办法搞定负责审查这个专利申请的专利局审查员。他的这个要求真的把我气坏了。他的这种行为和要求完全超出了一名法律从业人员的道德底线。不过我心里的厌恶并没有表露出来。我拒绝了他的要求。不过，那顿饭还是凑合着吃了。

## 十一、第一件专利无效案

我办理的第一件专利无效案相对比较晚，是在1999年。被请求无效的专利是国内发明人刘寓中先生1985年提出申请的涉及钼喷丝头加工技术的一项专利。那个案子由我跟清华专利事务所的廖元秋老师共同代表专利权人参加口头审理。

那个无效案件的合议组组长是白光清。口头审理开始之前他亲自核对双方代理人的身份。就那个案子我在口头审理前做了非常深入的准备。对方的代理人显然没有完全搞懂说明书内容。他当庭的陈述出现明显的错误。我针对他的错误陈述了意见之后，这位代理人就再也不讨论技术问题了。那个案子复审委合议组作出了维持专利全部有效的决定。对方没有起诉。

## 十二、脱钩改制

专利代理行业几十年发展过程中最大的一件事应该是在2000年启动、2003年完成的脱钩改制。

脱钩改制是国务院通过发文件下指令自上而下推行的一次改革。

这次改革的背景是“入世”谈判。1999年，我国的“入世”谈判进入最后阶段，国家准备对外承诺开放服务业。为此，国务院副总理李岚清指定财政部下属的会计师协会组织一个班子对我国的服务业进行调研，以确定我国的服务业是否能够适应对外开放。这个调研班子经过一段时间的调研给国务院写了调研报告，结论是我国的服务业无法经受对外开放的冲击。调研报告认定服务业的问题有两个：一个是条块分割，一个是国有体制。这里，条块分割是指中介服务市场被政府部门人为切割，每个部门把持一小块市场，设定门槛，单独管理。这种条块分割的结果是我国的各种执业资格林立（调研报告归纳说全国有56个行业设有准入门槛）。这使得每个"职业"的服务范围非常狭小。最突出的例子是我国的会计师只能从事狭义的会计业务，不能做税务。这是因为，会计师归财政部管，而税务归税务局管。

针对调研发现的问题，调研班子提出的对策也是两个。第一项措施是搭建中介服务平台，包括经济鉴证类中介服务平台和法律服务类中介平台（将律师和专利代理人合并管理）。第二项措施是脱钩改制，具体来说就是所有中介组织与其上级主管单位、挂靠单位脱离人事关系、财务关系，转化成民营组织。国家机关、国有单位不再办中介组织。

有了这个调研报告，1999 年国务院决定对经济鉴证类中介机构进行清理整顿。为此，国务院成立了清理整顿经济鉴证类社会中介机构领导小组，由财政部部长项怀成任组长，日常办事机构是清理整顿办公室（清整办），负责人是李勇。2000 年 7 月国务院办公厅发文（第 51 号文件），要求所有国办中介组织脱钩改制。具体要求是在 2000 年底前，中介服务机构的上级单位（或挂靠单位）要负责收回国有固定资产、退出中介服务，并把中介服务业务交给中介服务组织中的执业人员。中介组织中的执业人员自行协商确定未来民营化的组织架构和具体方案。脱钩改制的文件规定在 2000 年底前已经从业满 3 年的执业人员均有资格成为未来民营化的中介服务机构的出资人/合伙人。脱钩后的民营中介机构只能采用两种组织形式，即有限责任公司制和合伙制。

脱钩改制工作在多数行业进行得非常顺利。但在专利代理行业进行得不很顺利。

国务院办公厅的第 51 号文件所转发的国务院清整办的文件标题是“关于经济鉴证类社会中介机构与政府部门实行脱钩改制的意见”。这份文件并没有对“经济鉴证类社会中介机构”给出任何定义，没有特别说明这次脱钩改制是否包括法律中介类的专利代理行业。由于这个概念没有澄清，国家知识产权局（以下简称“国知局”）认为第 51 号文件不涉及专利代理行业，并因此正式发文解释说这个脱钩改制不涉及专利代理行业。此后不久，清整办发文澄清这个脱钩改制包括专利代理行业。

清整办确定专利代理属于需要脱钩改制的行业以后，专利代理行业的脱钩改制正式开始，但遇到意想不到的困难。

在当时，专利代理机构是按照计划经济模式和以国办为基础设置的，而不是按照市场需求设置的。具体来说，专利代理机构并不是按照专利申请业务量分布设置的。专利管理局的设置可以不考虑专利申请量和纠纷量，按国办体系设置的专利代理机构也可以不用考虑专利申请量。但是，搞脱钩改制，专利代理机构靠专利申请业务自己生存，专利申请量小的地方的国办专利代理机构就没有办法生存了。因此，脱钩改制被正式确认适用于专利代理行业后，先听到的是不发达地区的专利代理人的怨言。脱钩改制对于很多不发达地区的专利代理机构、代理人应该是难以接受的改革。从业务量和收入能计算出来，一些专利代理机构、代理人跟上级单位从财务和人事上脱钩后无法生存。因此，一些地区的代理人不愿意脱钩改制后在民营框架下继续从事专利代理工作。根据文件的要求，中介组织和上级单位要妥善安置好人员。但在当时，这个妥善安置也存在问题。1998 年启动的政府机构改革在 2000 年前刚刚完成。那次政府机构改革应该是新中国成立以来政府机构力度最大的一次瘦身。在脱钩改制启动的时候，不少国办专利代理机构的代理人刚刚被确定不再在公务员编制之内，而是国办事业单位编制。这个改革刚刚完成没过多久，国家再次改革，要事业单位改民营、专利代理人自己谋生，不少人感觉难以接受，也无法承受。然而，这些国办所的代理人这个时候已经没有机会再回到机关当公务员了，因为原政府机关的“三定”已经完成了。这个进退两难的问题是不少人面对的实际问题，这是脱钩改制启动时专利代理行业面对的最大的问题。

从理论上说，脱钩改制的决策是以市场经济为基础、以全球化为目标的。这个脱钩改制的决定是对已有的计划经济框架的彻底否定。这样的改革是国家需要的。但是，身处在改革之中的专利代理人感受到的是巨大的冲击。

这个困难导致专利代理行业的脱钩改制用了远远长于 6 个月的时间，直到 2003 年才结束。脱钩改制的结果是不少代理机构无人接手，最后停止运营。脱钩改制完成时的代理机构数量显著少于改革前的数量。

在不发达地区推行和落实专利代理机构的脱钩改制的困难仅仅是行业改革的困难的一部分。即使效益好的国办涉外代理机构的脱钩改制也面临巨大的困难。2000 年脱钩改制启动之时共有 23 家指定的涉外专利代理机构。其中的国办涉外代理机构效益很好，脱钩改制面临的困难与不发达地区完全相反，是人人都想当出资人/合伙人，人人想搭上头班车。

我所在的贸促会专商所 2000 年有员工 260 人，绝大多数是国家正式干部。专商所共有 120 名执业人员。脱钩改制的文件让全所员工的思想产生波动。执业人员都希望在未来的合伙或有限责任公司架构中有自己比较好的位置；而没有执业资格的员工对改革有意见。有人说不能接受隔壁比自己孩子大不了几岁的小年轻一夜之间成为老板，而自己要为这样的老板打工。不仅如此，上级机关也不愿意改革。贸促会的人事部门负责人跟我说会里准备成立一个班子，专门研究不脱钩的对策，并要算我一个（当这个班子的成员）。我直接拒绝了这个安排。

贸促会专商所的改革还刚好赶上一个特别的困难。

1999 年，在我的推动下，专商所的领导班子经过讨论研究并请示主管会长的同意启动了一项改革。这项改革的内容是通过民主测评选出一部分业务骨干（计划约 18 ~20 人），然后参照合伙制的管理结构让这些骨干参加事务所管理，分担管理风险，并在允许的范围内增加骨干的报酬。这项改革方案经上级单位批准后于 2000 年初开始实施。这个方案得到了所内干部职工的欢迎。民主测评是贸促会派人来进行的，所内员工积极参加了这次测评，这次民主测评选出了 18 名公认的骨干。看样子这个内部改革进行得非常顺利。

不巧的是，测评刚刚完成，国办第 51 号文件就下发了。这个改革跟国家的改革撞车了。第 51 号文件下发之后，所内干部群众对测评结果的认可完全翻转过来。一些人开始怀疑这个所内测评和公推骨干的改革是耍弄群众的把戏；一些人认为我林柏楠早就知道国家要搞脱钩改制，而这个公推骨干实际上是一小撮精英要独占国家财产的阴谋。没用多少时间，所内的矛盾迅速表面化。呈现在上级单位领导面前的群众意见大概有三类：第一类是批判我的，说我是一个彻头彻尾的坏人；第二类是要求设立脱钩改制的“新规则”的，主要是全体执业人员开联席会，人人权利均等；第三类就是坚决反对改制的，不给私人老板当打工仔。贸促会的几位退休领导甚至直接上书朱镕基总理，抨击脱钩改制，批判私有化。

面对混乱的形势，贸促会的领导先是同意了“群众”的意见，决定由党总支书记负责改革，就是剥夺了我领导改革的权力（其实国家的自上而下的改革要求上级单位做好领导工作，而没有给特定的执业人员以领导权或主导权）。但是，贸促会领导在很长的一段时间里并没有对群众的其他意见表态。专商所的内部矛盾就这样不温不火地延续着。

那段时间里，贸促会的领导实际上在做主管副总理李岚清的工作。贸促会认为，脱钩改制的任务本来是为了建造“航空母舰”以应对未来开放服务业进来的冲击。然而，贸促会专商所本来就已经是一个强大的航空母舰。这个脱钩改制把事务所搞乱了，将最终适得其反，无法达成改革的目的。后来，国务院清整办认定贸促会情况特殊，特别批准贸促会暂时不搞脱钩改制，待时机成熟时再改。

就这样，脱钩改制在专利代理行业不但迁延时日，还有部分未能完成。

脱钩改制也是我职业生涯的转折点。2001 年我辞去了贸促会专商所所长的职务，离开了工作 19 年的国办所，当起了私营律师事务所的合伙人。

2001 年后发生的事都不属于“旧事”，就不在这里回忆了。

# 提升行业能力、加强行业自律，积极推动专利代理行业改革发展

徐媛媛

## 个人简历

徐媛媛，1994年5月北京理工大学研究生毕业。1994年5月至2001年1月，在原中国专利局机械审查部工作。2001年1月至2013年7月，在专利复审委员会工作，其间，2003年10月至2004年9月，在北京市第一中级人民法院知识产权庭以及行政庭交流学习，任人民陪审员。2011年9月至2013年7月，挂职中华全国专利代理人协会任副秘书长。2013年7月至今，在中华全国专利代理人协会任秘书长。

曾参加《专利法》及《专利法实施细则》的修改工作、参加《审查指南2006》以及《专利审查指南2010》的修改及统稿工作、参加2009年版以及2011年版《审查操作规程》的制定以及修订统稿工作，负责《专利代理人执业培训系列教程》编写的整体组织协调并担任编委。

曾获得国家知识产权专家库专家、国家知识产权局领军人才、专利复审委员会“审查业务领军人物”等称号。

党的十八大以来，以习近平同志为核心的党中央高度重视知识产权工作，把知识产权制度视为激励创新的基本保障。党的十九大报告着眼新时代宏伟发展目标，对知识产权工作提出了新的更高要求，要倡导创新文化，强化知识产权创造、保护、运用。党中央、国务院发布的《关于深化体制机制改革 加快实施创新驱动发展战略的若干意见》《国家创新驱动发展战略纲要》等一系列文件对推进知识产权治理体系和治理能力现代化、加快建设知识产权强国作出了重要部署。今年正逢中华全国专利代理人协会成立三十周年，迫切需要站在知识产权强国建设的视角，回顾总结中华全国专利代理人协会的各项工作，展望中华全国专利代理人协会的未来。

## 一、协会各项工作取得明显成效

在国家知识产权局党组的高度重视和关心关怀下，

中华全国专利代理人协会秘书处紧密联系各位会长、副会长，积极推动行业发展，加快促进行业改革，各方面工作进展顺利。

一是行业规模不断扩大。截至目前，中华全国专利代理人协会会员达到18631人，会长1人，副会长9人，理事196人，42569人取得专利代理人资格，专利代理机构达到2126家，设立分支机构1400家。与三十年前相比，执业专利代理人数量和专利代理机构数量分别增长了约365%和598%。

二是行业水平不断提升。中华全国专利代理人协会建立行业培训体系，有效加强行业培训工作，切实提升行业水平。2013年以来，共举办各类培训班408个，培训覆盖43021人次，形成了由领军人才、高层次人才、骨干人才组成的行业人才体系。

三是行业自律不断加强。中华全国专利代理人协会积极开展行业自律，严惩行业不端行为。截至目前，中华全国专利代理人协会共作出24份行业自律处分决定，公开通报批评20起，有效加强了行业发展环境建设。

四是行业文化不断涤清。中华全国专利代理人协会发布《关于建立专利代理人执业宣誓制度的决定》，积极组织开展专利代理人执业宣誓。中华全国专利代理人协会发出《专利代理行业诚信建设倡议书》，积极推动行业诚信体系建设。

这些成绩的取得，是国家知识产权局党组坚强领导的结果，是全行业齐心协力、共谋发展的结果，是全社会对专利代理行业高度认同、积极支持的结果。

## 二、知识产权强国建设对协会工作提出更高要求

国务院《关于新形势下加快知识产权强国建设的若干意见》明确要求："改善知识产权服务业及社会组织管理。放宽知识产权服务业准入，促进服务业优质高效发展，加快建设知识产权服务业集聚区。扩大专利代理领域开放，放宽对专利代理机构股东或合伙人的条件限制。探索开展知识产权服务行业协会组织'一业多会'试点。完善执业信息披露制度，及时公开知识产权代理机构和从业人员信用评价等相关信息。"可见，党中央、国务院将专利代理行业的改革发展提高到知识产权强国建设的高度加以部署，对专利代理行业相关工作提出了新的更高要求。

同时，专利代理行业自身发展反映的问题迫切需要中华全国专利代理人协会进一步加强相关工作。我们看到，专利代理行业已经基本实现专业化、规范化和市场

化，服务科技创新的作用显著提升，但是专利代理行业的发展与创新驱动发展的需要仍然存在一定的差距，发展不平衡、不协调、不科学的问题依然存在，主要表现为：从业人员和机构规模与专利事业发展速度不相适应；服务质量还需进一步提升，服务能力不能全面满足创新主体的多样化需求，服务领域有待进一步拓展；人才结构不够合理，国际型和复合型高端人才仍然缺乏；行业监管机制仍需完善，行业自律亟待加强，违法违规经营现象仍然存在。这些发展不平衡、不协调、不科学的问题，迫切需要从加强专利代理行业培训和严格专利代理行业自律着手加以解决。

## 三、扎实做好协会未来各项工作

结合目标导向和问题导向，我们深深感到，随着知识产权强国建设的深入推进，迫切需要以增强行业专业服务能力为核心，切实做到规模扩大和能力提升相协调、总体布局与重点发展相统筹、充分竞争与规范经营相统一，提升专利代理质量，严格专利代理行业自律。

一是以健全行业培训体系为着力点提升专利代理服务质量。积极推动代理行业树立质量导向意识，逐步转向集约化、效益化、科学化发展。健全行业培训体系，形成覆盖领军人才、高层次人才、基础骨干人才、诉讼代理人才等多级多类的人才培养模式。在全行业积极弘扬精益求精、务求质量的工匠精神，积极培育打造一批世界一流专利代理机构，促进形成一批高价值专利，推动提高专利运用效益和专利保护实效。

二是以加强行业信息披露为突破口严格专利代理行业自律。深化专利代理领域“放管服”改革，深入贯彻落实新修订的《专利代理条例》，强化竞争机制和行业自律，加大对专利代理机构和代理人的执业诚信信息披露力度，加强行业管理与行业自律的协调衔接。积极倡导建立以诚信服务为本、以追求质量为魂、以行业自律为根的行业文化理念，积极引导全行业共同构建中国专利代理品牌。

雄关漫道真如铁，而今迈步从头越。回首专利代理行业三十年的历程，团结奋进是专利代理行业的始终坚守；立足专利代理行业当下的情况，追求质量是专利代理行业的灵魂所在；展望专利代理行业未来的发展，求真务实是专利代理行业的宝贵传承。让我们一起，提升行业能力，加强行业自律，积极推动专利代理行业改革发展，共同迎接专利代理行业发展的美好未来，为知识产权强国建设作出新的更大贡献。